메타버스 탑승 완료

상상이 현실이 되는 즐거움!
제페토에서
또 다른 나, 또 다른 세상을 만나 보세요.

계 정	
암 호	

* 제페토 로그인 계정과 암호를 기록해 두세요.

이 책의 구성

❶ 학습목표 : 단원별로 학습할 내용을 요약 정리하여 어떤 내용을 학습할지 미리 확인할 수 있도록 하였습니다.

❷ 알아두기 : 본 단원에서 배우게 될 학습 내용 또는 제페토의 기능에 대해 알아두어야 할 내용을 확인할 수 있도록 하였습니다.

❸ 따라하기 : 제페토 월드, 제페토 스튜디오, 제페토 빌드잇의 사용 방법을 차근 차근 따라하며 익힐 수 있도록 하였습니다.

제페토와 함께
헬로, 메타버스

초판 발행일 | 2022년 7월 15일
지은이 | 창의콘텐츠연구소
발행인 | 최용섭
책임편집 | 이준우
기획진행 | 김미경

㈜해람북스   주소 | 서울시 용산구 한남대로 11길 12, 6층
문의전화 | 02-6337-5419
팩스 | 02-6337-5429
홈페이지 | http://class.edupartner.co.kr

발행처 | (주)미래엔에듀파트너
출판등록번호 | 제2016-000047호

ISBN 979-11-6571-176-4 (13000)

④ TIP : 단원을 학습하면서 알아두어야 하는 부연 설명이나 관련 정보, 주의할 점 등을 확인할 수 있도록 하였습니다.

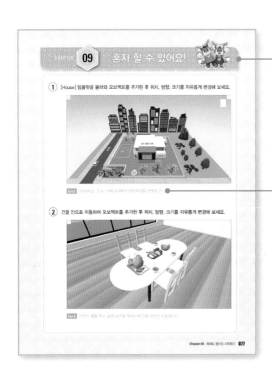

⑤ 혼자 할 수 있어요! : 본 단원에서 학습한 내용을 활용하여 스스로 미션을 수행할 수 있도록 하였습니다.

⑥ Hint : 미션을 해결하기 위한 힌트를 확인할 수 있도록 하였습니다.

이 책의 차례

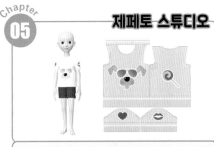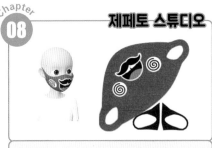

제페토와 함께
헬로, 메타버스

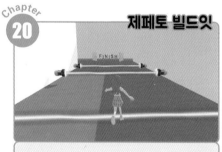

CHAPTER

헬로, 메타버스

‘메타버스’는 확장 가상세계라고도 부르며 가상이나 초월을 의미하는 ‘메타(Meta)’와 우주, 세계를 의미하는 ‘유니버스(Universe)’가 합쳐진 말이에요.

가상, 초월
(Meta)

+

우주, 세계
(Universe)

=

또 다른 나, 또 다른 세상
확장 가상세계
(Metaverse)

‘메타버스’라는 용어는 1992년 닐 스티븐슨의 소설 ‘스노 크래시(Snow Crash)’에서 처음 등장했는데요. 이 소설 속에서는 현실의 나를 대신하는 ‘아바타’를 통해 ‘메타버스’라는 가상세계에 접속해 또 다른 내가 또 다른 삶을 사는 모습을 표현하고 있어요.

우리가 체험하게 될 ‘제페토’ 역시 이와 마찬가지로 나만의 가상 캐릭터(아바타)를 자유롭게 꾸미고 친구들과 함께 소통하며 다양한 형태의 가상공간(월드)을 체험할 수 있을 뿐만 아니라, 가상공간을 직접 만들 수도 있어요. 그럼 지금부터 메타버스를 체험하기 위해 ‘제페토’에 회원으로 가입하고 나만의 가상 캐릭터(아바타)를 꾸미는 방법을 알아볼까요?

01 제페토 회원 가입하기

❶ '플레이 스토어(▶)' 또는 '앱 스토어(Ⓐ)'에서 '제페토'를 검색하여 설치한 후 다음 그림과 같이 제페토 회원으로 가입합니다.

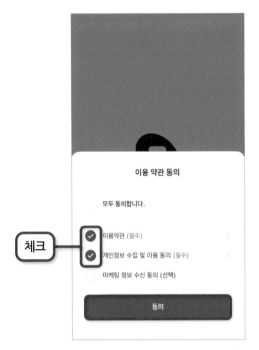

▲ '이용약관', '개인정보 수집 및 이용 동의'에 체크한 후 [동의]를 터치합니다.

▲ 원하는 캐릭터를 선택한 후 [다음]을 터치합니다. 이미 가입한 계정이 있는 경우 가입한 계정으로 로그인합니다.

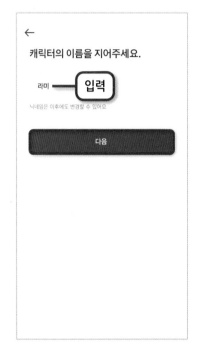

▲ 캐릭터의 이름을 입력한 후 [다음]을 터치합니다.

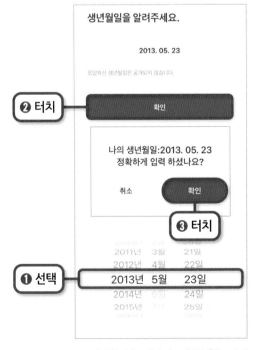

▲ 생년월일을 선택하고 [확인]을 터치합니다.

▲ 14세 미만일 경우 보호자의 동의를 받은 후 [확인]을 터치합니다.

▲ [다른 옵션 보기]를 터치합니다.

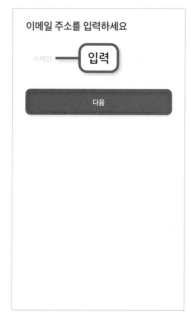

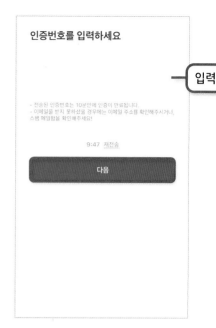

▲ [이메일로 계속하기]를 터치합니다.

▲ 인증 받을 이메일 주소를 정확하게 입력한 후 [다음]을 터치합니다.

▲ 수신된 이메일을 확인하여 인증번호를 입력한 후 [다음]을 터치합니다.

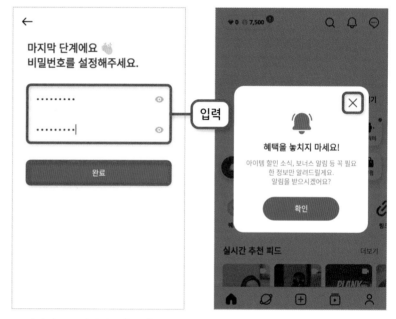

▲ 제페토에서 사용할 아이디를 입력한 후 [다음]을 터치합니다.

▲ 비밀번호를 입력한 후 [완료]를 터치합니다.

▲ 제페토가 실행되면 '일일 보상'이나 '혜택 알림' 메시지 창의 [닫기(✕)]를 터치합니다.

 TIP

제페토 회원 가입 및 캐릭터 설정은 스마트폰의 '제페토 앱'에서만 가능합니다. 제페토 회원 가입 이후 교재에 사용된 제페토 월드, 제페토 스튜디오, 제페토 빌드잇을 활용할 수 있습니다.

나의 캐릭터 만들기

❶ 제페토에 로그인되면 나의 캐릭터를 확인할 수 있습니다. 그림과 같은 방법으로 제페토에서 사용할 나의 캐릭터를 꾸며 봅니다.

▲ 캐릭터를 꾸미기 위해 [캐릭터]를 터치합니다.

▲ 캐릭터 편집창이 나타나면 [얼굴 (👤)]을 터치합니다.

▲ 얼굴 편집창에서 캐릭터의 얼굴형, 눈, 코, 입, 눈썹 등의 모양을 자유롭게 설정합니다.

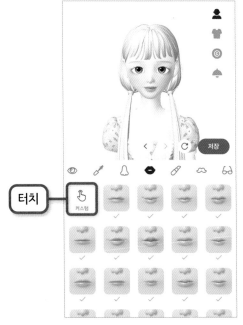

▲ 캐릭터의 얼굴을 원하는 모양으로 편집하기 위해 [커스텀]을 터치합니다.

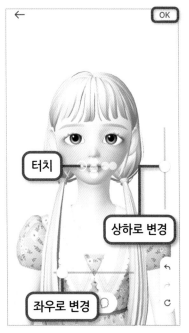

▲ 편집점을 이용하여 변경하고 싶은 위치를 선택한 후 슬라이드를 드래그하여 모양을 변경합니다.

▲ 같은 방법으로 얼굴의 다양한 부위를 편집해 나를 닮은 캐릭터의 얼굴을 완성한 후 [저장]을 터치합니다.

03 나의 캐릭터 스타일 변경하기

❶ 나를 닮은 캐릭터의 얼굴을 만든 후 나의 개성을 표현할 수 있도록 그림과 같은 방법으로 캐릭터의 스타일을 변경해 봅니다.

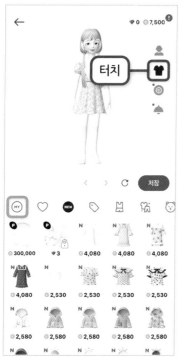

▲ 캐릭터 편집창에서 [캐릭터]를 터치한 후 [옷(👕)]을 터치합니다.

▲ 원하는 아이템을 선택하며 캐릭터를 확인하고 구매하고 싶은 아이템이 있으면 [구매]를 터치합니다.

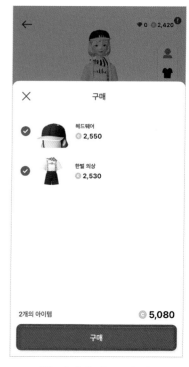

▲ 구매할 아이템 리스트가 나타나면 [구매]를 터치한 후 다시 캐릭터 편집창에서 캐릭터를 확인합니다.

- 제페토 회원 가입 시 기본적으로 일정 코인이 제공되며, 코인은 제페토 월드에서 제공하는 퀘스트를 완료하면 보상으로 받을 수 있습니다.
- 구매한 아이템은 계속해서 사용할 수 있으며, 소유한 아이템은 'MY'를 터치해 확인합니다.

CHAPTER

01 월드로 떠나는 첫 번째 여행

제페토 월드

학습목표

- 제페토 월드에 로그인할 수 있습니다.
- 제페토 월드를 즐기는 여러 가지 방법을 알 수 있습니다.
- NPC가 제시하는 퀘스트를 수행할 수 있습니다.

알아두기

NPC(Non-Player Character)
NPC는 사용자가 아닌 캐릭터로, 쉽게 말해 사용자와 지정된 대화를 나누거나 지정된 역할을 하는 오브젝트입니다. 제페토 월드에서 NPC는 사용자에게 퀘스트를 제시하거나 보상을 제공하는 등 다양한 역할을 합니다.

❶ 크롬(**c**) 브라우저를 실행하여 제페토 월드 홈페이지(https://world.zepeto.me/ko)에 접속한 후 [로그인]을 클릭합니다.

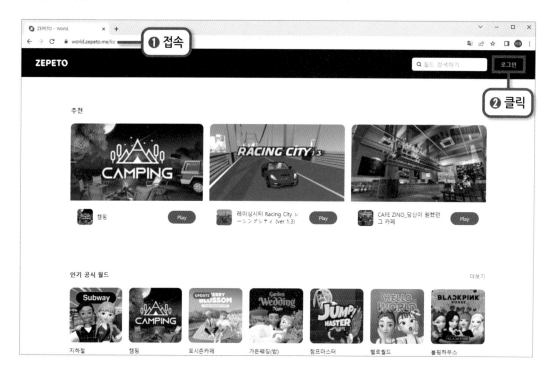

❷ 로그인 창이 나타나면 [아이디 · 이메일]을 클릭한 후 아이디 또는 이메일 주소와 비밀번호를 입력하고 [로그인]을 클릭합니다.

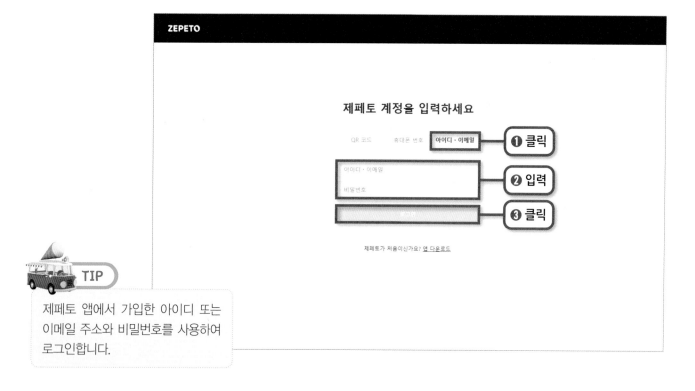

TIP

제페토 앱에서 가입한 아이디 또는 이메일 주소와 비밀번호를 사용하여 로그인합니다.

02 헬로월드에서 퀘스트 완료하기

❶ 제페토 월드가 나타나면 오른쪽 상단 검색창에 "헬로월드"를 입력한 후 Enter 를 누르고 검색된 '헬로월드'를 클릭합니다.

TIP
'헬로월드'는 제페토 월드가 처음인 사용자들이 간단한 퀘스트를 해결하며 제페토 월드를 즐기기 위한 다양한 방법을 쉽고 재미있게 배울 수 있는 월드입니다.

❷ '헬로월드' 정보 창이 나타나면 [플레이]를 클릭하여 월드에 참여합니다.

TIP
제페토 PC 버전을 설치하지 않은 경우에는 제페토 월드에 참여할 수 없습니다. 제페토 PC 버전 설치 방법은 출판사에서 제공하는 '설치 안내.PDF'를 참고합니다.

❸ '헬로월드'에 접속하면 나타나는 팁의 내용을 확인한 후 [닫기(✕)]를 클릭합니다.

TIP

- 캐릭터 이동 : W, A, S, D 또는 ↑, ↓
- 점프 : Space Bar
- 화면 확대 : 마우스 휠 위로 밀기
- 화면 축소 : 마우스 휠 아래로 당기기
- 카메라 이동 : 마우스 오른쪽 버튼 클릭한 상태로 드래그 또는 ←, →

❹ ⓩ 아이콘이 표시되어 있는 NPC에게 다가가 상호작용 버튼(🖐)이 나타나면 버튼을 클릭하여 퀘스트를 확인한 후 [확인]을 클릭합니다.

TIP

NPC는 사용자에게 정보를 알려주기 위한 캐릭터로, 지정된 대화만 할 수 있습니다. '헬로월드'에서 NPC는 퀘스트를 제시하며 NPC가 제시하는 퀘스트를 완료하면 다른 퀘스트를 제시하거나 대화를 할 수 없는 상태로 변경됩니다. 더 이상 대화를 할 수 없는 상태가 되면 ⓩ아이콘이 사라집니다.

⑤  아이콘을 따라 하얀색 발판으로 이동한 후 점프하여 퀘스트를 완료해 봅니다.

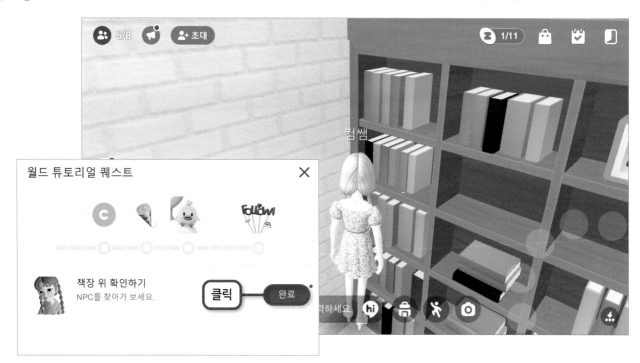

TIP

- 퀘스트를 완료하면 [월드 튜토리얼 퀘스트] 대화상자가 나타납니다. [완료]를 클릭하여 다음 퀘스트를 진행합니다.
- '헬로월드'에서 퀘스트를 완료하고 받은 보상은 소지품(인벤토리)에서 확인할 수 있습니다.
- F1 을 누르면 조작 방법을 확인할 수 있습니다.

⑥ 같은 방법으로  아이콘을 따라 이동하며 그림과 같은 방법으로 모든 퀘스트를 완료해 봅니다.

▲ 다음 NPC에게 다가가 상호작용 버튼이 나타나면 버튼을 클릭하여 퀘스트 내용을 확인합니다.

▲ 의자 쪽으로 다가가 상호작용 버튼을 클릭하여 책상 밑을 검사한 후 앞서 대화한 NPC에게 다가가 퀘스트를 완료합니다.

▲ 새로 나타난 NPC에게 다가가 상호작용 버튼이 나타나면 버튼을 클릭하여 퀘스트 내용을 확인합니다.

▲ NPC를 클릭하여 프로필 창이 나타나면 [팔로우]를 클릭하여 퀘스트를 완료합니다.

팔로우는 이웃 추가나 친구 추가와 같은 의미로, 친구를 팔로우하면 친구가 올린 사진이나 글 등을 확인할 수 있습니다.

▲ 다른 공간으로 이동할 수 있는 '포털'이 나타나면 '포털' 쪽으로 다가가 다른 공간으로 이동합니다.

▲ 다른 공간으로 이동되면 NPC에게 다가가 상호작용 버튼을 클릭하여 퀘스트 내용을 확인합니다.

▲ 화면 하단의 [제스처] 버튼을 클릭하고 '바로 너' 제스처를 선택하여 퀘스트를 완료합니다.

▲ 다음 NPC에게 다가가 상호작용 버튼을 클릭하여 퀘스트 내용을 확인합니다.

제페토 월드에서 다른 공간으로 이동할 수 있는 오브젝트를 '포털'이라고 합니다.

▲ 선반으로 이동한 후 '어태치' 쪽으로 가까이 다가가 상호작용 버튼을 클릭하여 퀘스트를 완료합니다.

▲ 다음 NPC에게 다가가 상호작용 버튼을 클릭하여 퀘스트 내용을 확인합니다.

▲ 화면 하단의 [카메라] 버튼을 클릭하고 NPC와 함께 사진을 촬영하여 퀘스트를 완료합니다.

▲ 촬영한 사진을 확인한 후 [닫기(✕)]를 클릭하고 [카메라] 화면에서 다시 [닫기(✕)]를 클릭하여 카메라를 종료합니다.

▲ 다음 NPC에게 다가가 상호작용 버튼을 클릭하여 퀘스트 내용을 확인한 후 퀘스트를 완료합니다.

▲ 다른 공간으로 이동할 수 있는 '포털'이 나타나면 '포털' 쪽으로 다가가 다른 공간으로 이동합니다.

▲ 다른 공간으로 이동되면 NPC에게 다가가 상호작용 버튼을 클릭하여 퀘스트 내용을 확인한 후 퀘스트를 완료합니다.

▲ 다음 NPC에게 다가가 상호작용 버튼을 클릭하여 퀘스트 내용을 확인한 후 퀘스트를 완료합니다.

▲ 다른 공간으로 이동할 수 있는 '포털'이 나타나면 '포털' 쪽으로 다가가 다른 공간으로 이동합니다.

▲ 다른 공간으로 이동되면 NPC에게 다가가 상호작용 버튼을 클릭하여 퀘스트 내용을 확인한 후 첫 번째 방으로 이동합니다.

▲ 친구와 함께 책장 쪽으로 이동하여 비밀 공간이 나타나면 비밀 공간에서 함께 사진을 찍어 퀘스트를 완료합니다.

▲ 화면 상단의 [월드 튜토리얼 퀘스트]를 클릭하고 박스를 클릭하여 보상을 얻습니다.

CHAPTER 01

혼자 할 수 있어요!

1 마지막 방으로 이동하여 포털을 통해 다른 월드로 이동해 보세요.

2 포털을 통해 '교실' 월드로 이동한 후 다양한 오브젝트와 상호작용 해보세요.

친구들과 포시즌카페 즐기기

학습 목표

- 포시즌카페 월드를 즐길 수 있는 방을 개설할 수 있습니다.
- 내가 개설한 방에 친구를 초대할 수 있습니다.
- 친구들과 함께 포시즌카페 월드를 즐길 수 있습니다.

알아두기

팔로우, 팔로워, 팔로잉

팔로우는 유튜브의 구독이나 블로그의 이웃 추가 또는 친구 추가와 같은 의미이며, 팔로워는 본인을 팔로우한 사람을 의미합니다. 또한 팔로잉은 본인이 상대방을 팔로우하는 것을 의미합니다. 친구 맺길 원하는 아이디를 '팔로우'하면 '팔로잉' 상태로 변경됩니다.

01 친구들과 함께 할 방 개설하기

❶ 크롬(◉) 브라우저를 실행하여 제페토 월드 홈페이지(https://world.zepeto.me/ko)에 접속한 후 로그인합니다.

❷ 오른쪽 상단의 [+방 만들기]를 클릭합니다.

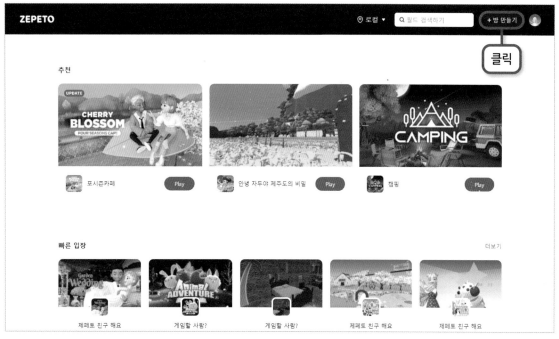

'포시즌카페' 월드는 계절에 따라 월드의 디자인이 변경되는 월드입니다. 월드 체험 방법은 모든 계절이 동일하므로 수업 시 월드의 디자인이 변경되었다면 교재의 내용을 참고하여 월드를 체험합니다.

❸ [방 만들기] 대화상자가 나타나면 방 이름을 입력한 후 [월드 선택하기]를 클릭합니다.

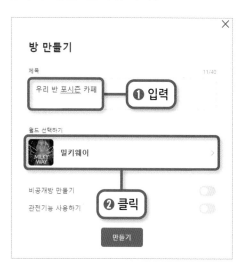

❹ [검색(🔍)] 버튼을 클릭하여 '포시즌카페'를 검색한 후 '포시즌카페' 월드를 선택합니다.

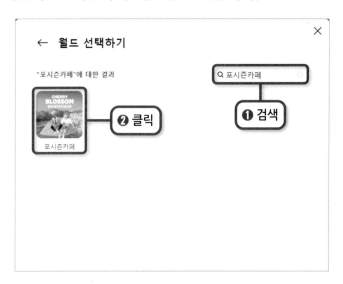

❺ 이어서 '비공개방 만들기'를 클릭하여 활성화한 후 [만들기]를 클릭합니다.

 **TIP**

- '비공개방'을 개설하면 월드의 초대 링크를 알고 있거나 직접 초대한 친구만 월드에 참여할 수 있습니다.
- '비공개방'을 비활성화한 후 방을 개설하면 해당 월드 방 리스트에 본인이 개설한 방이 나타납니다.

02 개설한 방에 친구 초대하기

❶ '포시즌카페' 월드에 접속되고 [친구 초대] 대화상자가 나타나면 [링크 복사]를 클릭하여 초대할 친구들에게 참여 링크를 공유합니다.

> **TIP**
> • **스마트폰 사용 시 :** 초대 링크를 SNS 메시지나 문자 메시지를 이용해 공유하고 링크를 클릭하면 초대 받은 방에 참여할 수 있습니다.
> • **PC 사용 시 :** 초대 링크를 주소 표시줄에 붙여 넣고 Enter 를 누르면 초대 받은 방에 참여할 수 있습니다.

❷ 팔로워나 팔로잉 중인 친구를 초대하려면 화면 왼쪽 상단의 [초대]를 클릭한 후 초대할 친구를 선택하고 [초대]를 클릭합니다.

❸ 친구가 초대를 수락하면 함께 월드를 플레이할 수 있습니다.

03 포시즌카페 월드 즐기기

1 친구들과 함께 월드를 자유롭게 이동하며 '포시즌카페' 월드를 즐겨 봅니다.

TIP

월드를 자유롭게 이동하다가 상호작용
버튼이 나타나면 클릭해 봅니다.

2 왕벚꽃잎을 타고 날아 봅니다.

TIP

왕벚꽃잎 타는 방법

• 왕벚꽃잎은 카페 맞은편 하트 벤치를 지나면 나타나는 왕벚꽃잎 탑승 장소에서 찾을 수 있습니다.
• 왕벚꽃잎이 나타났을 때 상호작용 버튼을 클릭하면 왕벚꽃잎을 타고 하늘을 날 수 있습니다.

3 화면 오른쪽 상단의 [나가기(🗔)]를 클릭하여 월드를 종료합니다.

① '캠핑' 월드의 비공개 방을 개설하고 친구들을 초대해 보세요.

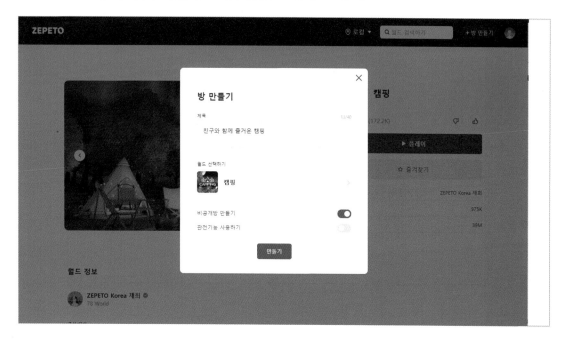

② 친구들과 함께 자유롭게 '캠핑' 월드를 즐겨 보세요.

CHAPTER

03 모험과 신비의 나라로 떠나요.

학습 목표

- 롯데월드 월드에 참여할 수 있습니다.
- 친구들과 함께 다양한 놀이기구를 체험할 수 있습니다.
- 월드에서 제공하는 퀘스트를 진행할 수 있습니다.

알아두기

롯데월드 월드

실제 롯데월드를 가상공간으로 그대로 옮겨 놓은 월드입니다. 친구들과 함께 롯데월드 월드에 참여하여 재미있는 놀이기구를 체험할 수 있고, 롯데월드 월드에서 제공하는 퀘스트를 완료하고 롯데월드 콜렉션을 보상으로 얻을 수도 있습니다.

01 친구들과 함께 롯데월드 즐기기

❶ 크롬(⚙) 브라우저를 실행하여 제페토 월드 홈페이지(https://world.zepeto.me/ko)에 접속한 후 로그인합니다.

❷ '롯데월드' 월드에 참여한 후 친구들과 함께 '마법의 성' 앞에서 사진을 촬영해 봅니다.

❸ 친구들과 함께 원하는 놀이기구로 이동하여 놀이기구에 탑승해 봅니다.

02 월드 퀘스트 진행하기

❶ 오른쪽 상단의 [퀘스트]를 클릭하여 퀘스트 내용을 확인합니다.

❷ 월드를 돌아다니고 있는 '로티'와 함께 사진을 촬영하여 첫 번째 퀘스트를 완료합니다.

❸ '로티', '로리'와 함께 사진을 촬영한 후 '캔디캐슬'에서 '로티' 솜사탕을 먹고, '가든 스테이지'에서 포즈를 취해 퀘스트를 완료해 봅니다.

❹ '캐슬카트'에서 '로티' 인형을 손에 넣어보고 '자이로스윙'에 탑승해 퀘스트를 완료해 봅니다.

❺ '범퍼카'를 30초 동안 운전하여 퀘스트를 완료해 봅니다.

TIP

'롯데월드' 월드의 퀘스트 중 '교복 입고 사진 찍기' 퀘스트의 경우 퀘스트를 완료하기 위해 젬(ZEM)이 필요하므로, '교복 입고 사진 찍기' 퀘스트 이전까지만 퀘스트를 완료합니다.

❻ 화면 오른쪽 상단의 [나가기(⬛)]를 클릭하여 월드를 종료합니다.

CHAPTER 03 혼자 할 수 있어요!

1 '스키점프' 월드에 참여하여 친구들과 리프트에 탑승해 보세요.

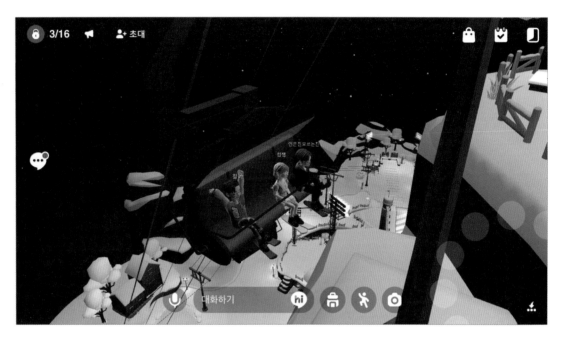

2 점프대에서 스키점프를 한 후 친구들과 방 랭킹을 비교해 보세요.

04 퀘스트 완료하고 동물 구출하기

- 세이브 포인트와 포털을 활용할 수 있습니다.
- 다양한 장애물을 통과하여 퀘스트를 완료할 수 있습니다.
- 종료한 월드를 다시 실행하고 이어서 퀘스트를 진행할 수 있습니다.

알아두기

세이브 포인트와 포털
세이브 포인트란 게임에서 진행 상황을 기록하는 오브젝트나 특정 지점을 말합니다. 그리고 포털은 서로 다른 공간이나 시간대를 이어주는 출입문으로, 포털을 통과하면 세이브 포인트로 이동할 수 있습니다.

01 동물탐험대 월드 시작하기

❶ 크롬(◉) 브라우저를 실행하여 제페토 월드 홈페이지(https://world.zepeto.me/ko)에 접속한 후 로그인합니다.

❷ '동물탐험대' 월드에 참여한 후 각 지역(AREA)을 확인합니다.

> **TIP**
> '동물탐험대' 월드에는 여러 개의 지역(AREA)이 있으며,
> 난이도가 가장 낮은 지역(AREA)은 'AREA 1' 지역입니다.
> 퀘스트를 완료하면 동물을 구출할 수 있습니다.

❸ 화면 하단의 [동물 관리]를 클릭하면 퀘스트를 완료하며 얻은 보유 탐험 코인과 구출한 동물들을 확인할 수 있습니다.

02 새로운 지역 찾아가기

❶ 'AREA 1'로 이동하기 위해 '동물탐험대 순위' 게시판 옆 상호작용 버튼을 클릭합니다.

❷ [캠프 리스트] 창이 나타나면 '캠프 1'을 클릭한 후 [이동]을 클릭합니다.

③ '캠프 1'로 이동하면 'AREA 1' 입구로 들어가 입장합니다.

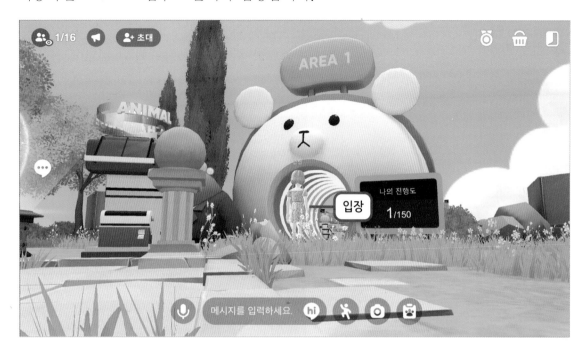

④ 'AREA 1'에 입장하면 나타나는 '세이브 포인트'와 퀘스트 내용을 확인합니다.

⑤ 장애물을 통과하며 동물을 구출하기 위한 각 퀘스트를 완료해 봅니다.

03 이어서 퀘스트 진행하기

❶ 퀘스트를 모두 완료하지 못하고 월드를 종료한 후 다시 '동물탐험대' 월드에 참여하면 월드에 처음 참여했을 때의 화면이 나타납니다. 이어서 퀘스트를 완료하기 위해 '동물탐험대 순위' 게시판 옆 상호작용 버튼을 클릭합니다.

❷ [캠프 리스트] 창이 나타나면 퀘스트를 중단했던 '캠프'를 선택한 후 [이동]을 클릭합니다.

❸ 'AREA' 입구로 이동한 후 '포털'의 상호작용 버튼을 클릭하여 퀘스트를 중단했던 위치로 이동합니다.

TIP

'포털'의 상호작용 버튼을 클릭하면 마지막으로 통과했던 '세이브 포인트'로 이동합니다.

CHAPTER 04

혼자 할 수 있어요!

1 구출한 동물을 타고 함께 사진을 촬영해 보세요.

2 구출한 동물과 함께 새로운 지역을 탐험해 다른 동물을 구출해 보세요.

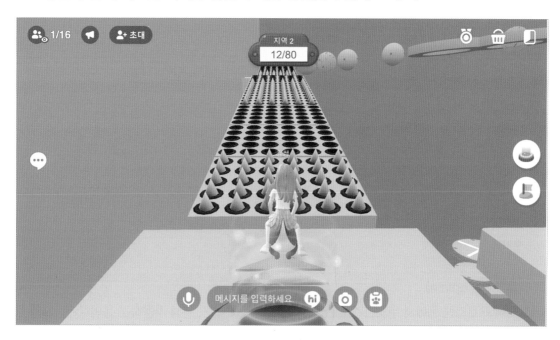

05 나만의 티셔츠 디자인하기

학습
목표

- 제페토 스튜디오를 실행할 수 있습니다.
- 베이직 반팔 티셔츠 템플릿을 다운로드 받을 수 있습니다.
- 그림판 3D를 이용하여 반팔 티셔츠를 디자인할 수 있습니다.
- 완성한 아이템을 제페토 스튜디오에 업로드하여 확인할 수 있습니다.

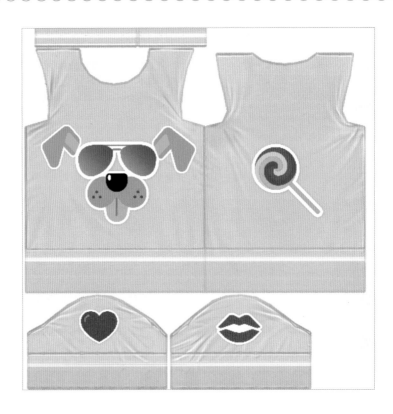

알아두기

템플릿(Template)

그래픽 프로그램 등에서 무엇인가를 만들 때 안내 역할을 하기 위해 사용하는 틀이나 본, 모형 등을 의미합니다. 제페토 스튜디오에서는 의상이나 아이템을 만들기 위해 다양한 템플릿을 제공하며, 템플릿에 색상을 입히거나 사진, 글자 등을 추가해 새로운 의상이나 아이템을 만들 수 있습니다.

01 템플릿 다운로드하기

① 크롬(●) 브라우저를 실행하여 제페토 스튜디오 홈페이지(https://studio.zepeto.me/)에 접속한 후 [시작하기]를 클릭합니다.

② 로그인 창이 나타나면 [전화번호·이메일]을 선택한 후 제페토에 가입했던 이메일 주소와 비밀 번호를 입력하여 로그인합니다.

> **TIP**
> '제페토 스튜디오' 인증 방법은 출판사에서 제공하는 '설치 안내.PDF' 파일을 참고합 니다.

❸ 템플릿을 다운로드하기 위해 [+만들기]–[아이템]을 클릭하여 [아이템 만들기] 창이 나타나면 [상의]–[베이직 반팔 티셔츠]를 클릭합니다.

❹ [템플릿 에디터] 창이 나타나면 [템플릿 다운로드]를 클릭하여 템플릿을 다운로드한 후 압축을 해제합니다.

❺ [시작(⊞)] 메뉴–[그림판 3D]를 실행한 후 [메뉴]–[열기]–[파일 찾아보기]를 클릭하여 'TOP_6_ base.png' 파일을 선택하고 [열기]를 클릭합니다.

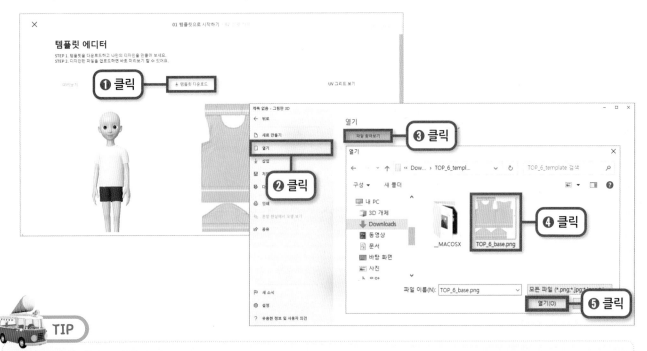

TIP

다운로드 받은 템플릿은 [Downloads] 폴더에 압축 파일로 저장됩니다. 압축을 해제하면 'png', 'psd' 파일로 템플릿을 편집할 수 있습니다.

반팔 티셔츠 디자인하기

① 파일이 불러와지면 상단 메뉴의 [스티커(🖉)]를 클릭합니다. 오른쪽 스티커 창에서 원하는 스티커를 선택한 후 마우스를 드래그하여 스티커를 삽입합니다.

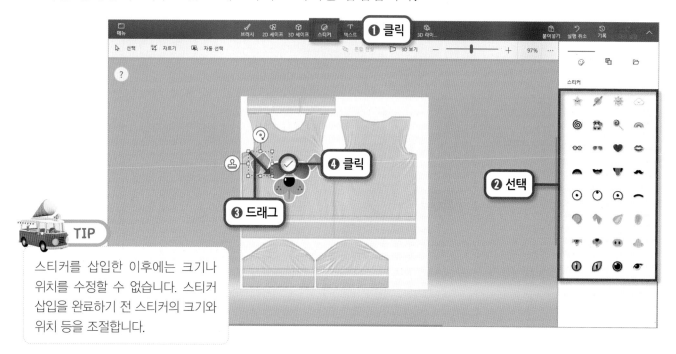

TIP

스티커를 삽입한 이후에는 크기나 위치를 수정할 수 없습니다. 스티커 삽입을 완료하기 전 스티커의 크기와 위치 등을 조절합니다.

② 같은 방법으로 티셔츠의 뒷면과 양쪽 팔에도 다양한 스티커를 사용하여 반팔 티셔츠를 디자인해 봅니다.

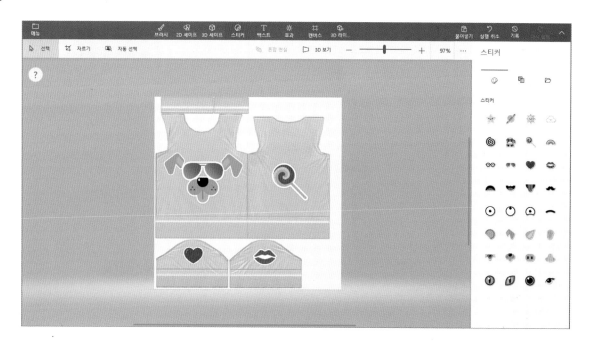

③ [메뉴]-[다른 이름으로 저장]-[이미지]를 클릭하여 완성한 반팔 티셔츠를 저장합니다.

03 디자인한 반팔 티셔츠 입어보기

① 다시 제페토 스튜디오로 돌아와 [업로드하기]를 클릭한 후 앞서 저장한 '반팔 티셔츠' 파일을 불러옵니다.

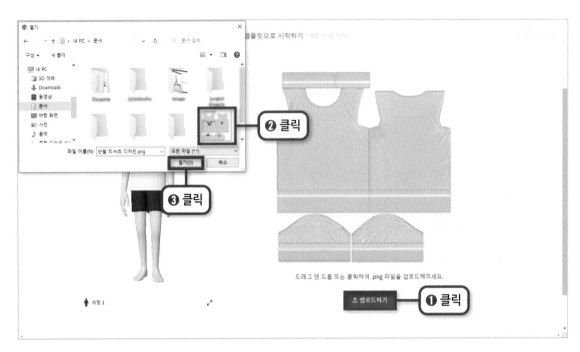

② [미리보기] 창에서 마우스를 드래그하며 디자인한 반팔 티셔츠를 입은 모습을 확인해 봅니다.

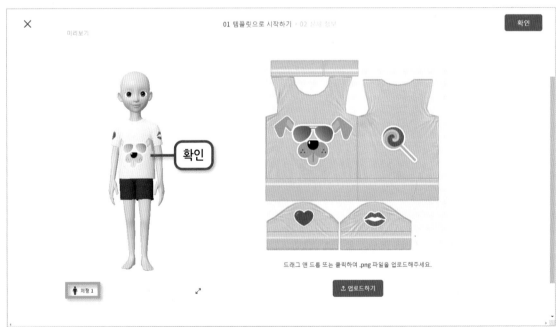

 TIP

[미리보기] 창 왼쪽 하단의 [체형]을 클릭하면 캐릭터의 체형을 변경해 가며 반팔 티셔츠를 입은 모습을 확인할 수 있습니다.

① '베이직 맨투맨 티셔츠' 템플릿을 다운로드 받은 후 그림판 3D를 이용해 디자인해 보세요.

● 완성 파일 : 베이직 맨투맨 티셔츠.png

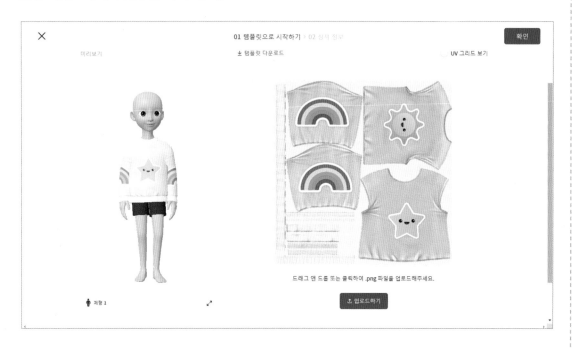

② 캐릭터의 체형을 변경해 가며 맨투맨 티셔츠를 입은 모습을 확인해 보세요.

06 나만의 스냅백 디자인하기

- 베이직 스냅백 템플릿을 다운로드 받을 수 있습니다.
- 그림판 3D를 이용하여 2D 이미지를 3D 이미지로 변경할 수 있습니다.
- 3D 셰이프를 이용하여 템플릿을 디자인할 수 있습니다.
- 완성한 아이템을 저장할 수 있습니다.

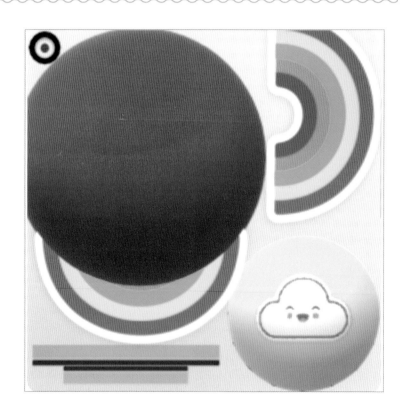

알아두기

템플릿 색상
템플릿 중에는 베이직 스냅백과 같이 템플릿이 여러 가지 색상으로 구분되어 있는 템플릿이 있습니다. 이 색상은 아이템의 각 부분이 어떤 위치에 해당하는지 확인하기 위한 것으로, 아이템의 도면이 복잡하게 구성되어 있다면 템플릿에 적용되어 있는 색상과 미리보기를 확인하며 디자인하는 것이 좋습니다.

❶ 크롬(ⓒ) 브라우저를 실행하여 제페토 스튜디오 홈페이지(https://studio.zepeto.me/)에 접속한 후 로그인합니다.

❷ [+만들기]-[아이템]을 클릭하여 [아이템 만들기] 창이 나타나면 [헤드웨어]-[베이직 스냅백]을 클릭합니다.

❸ [템플릿 에디터] 창이 나타나면 [미리보기] 창 오른쪽 하단의 [확대(↗)]를 클릭한 후 마우스를 드래그하여 미리보기와 템플릿의 색상을 비교하며 '베이직 스냅백' 도면의 구성을 확인합니다. 이어서 [템플릿 다운로드]를 클릭하여 템플릿을 다운로드합니다.

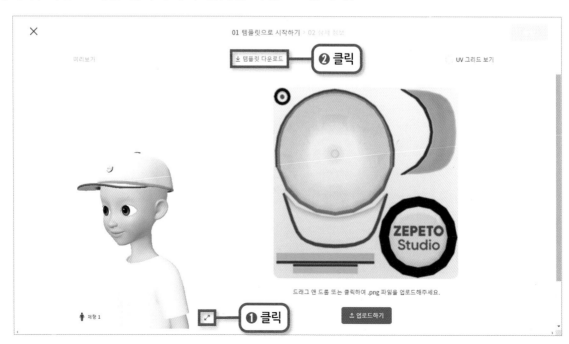

02 스냅백 디자인하기

❶ 다운로드 받은 템플릿의 압축을 해제한 후 [그림판 3D]를 실행하고 'CR_HEADWEAR_10_ Albedo.png' 파일을 불러옵니다.

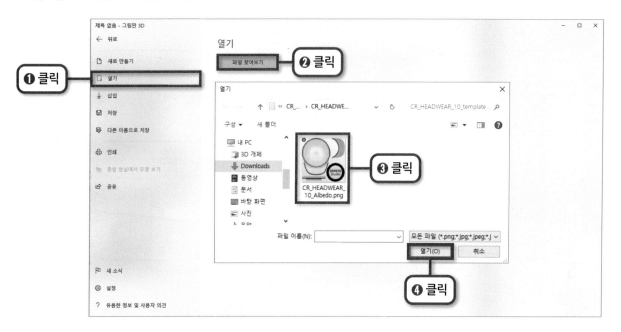

❷ 파일이 불러와지면 상단 메뉴의 [스티커(◎)]를 클릭하고 '무지개'를 클릭하여 스냅백 챙 아랫부분에 배치합니다. 이어서 크기와 방향, 위치를 지정한 후 오른쪽 메뉴에서 [3D 만들기]를 클릭합니다.

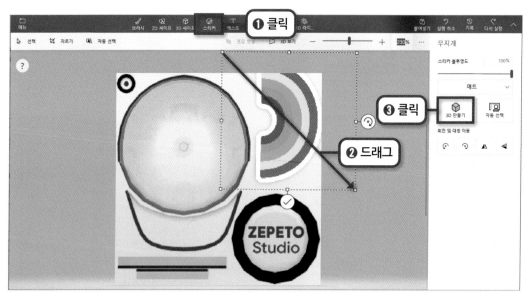

TIP

스티커를 템플릿에 배치한 후 편집을 완료하면 템플릿 배경과 합쳐져 더 이상 편집할 수 없습니다. 편집을 끝내고 나서도 크기 및 위치 등을 조절하기 위해 [3D 만들기]를 클릭합니다. [3D 만들기]는 2D 개체를 3D 개체로 변경하여 편집이 완료된 후에도 크기 및 위치를 수정할 수 있는 기능입니다.

❸ 같은 방법으로 스냅백 챙 윗부분에 원하는 스티커를 배치한 후 [3D 만들기]를 클릭합니다.

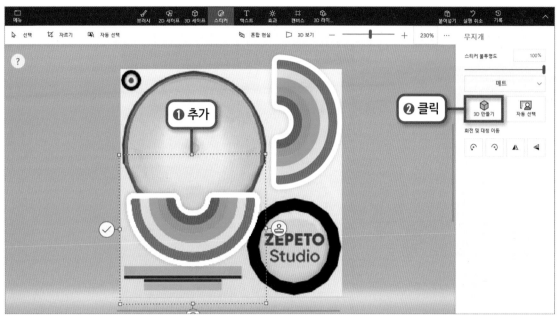

템플릿 도면의 범위를 벗어나는 이미지
템플릿에 이미지를 배치했을 때 아이템을 구성하는 각 도면을 벗어난 이미지는 완성 아이템에 적용되지 않습니다. 따라서
디자인을 할 때는 각 도면보다 약간 크게 이미지를 배치하는 것이 좋습니다.

❹ 상단 메뉴의 [3D 세이프(⬡)]를 클릭한 후 '구형'을 클릭하고 스냅백의 크라운 부분을 드래그하여
배치합니다.

모자의 머리가 들어가는 부분을
'크라운(Crown)'이라고 합니다.

❺ 스냅백의 크라운 부분이 챙 윗부분보다 앞으로 나오도록 하기 위해 [Z축 위치(⬚)]를 클릭한 상태로 드래그하여 위치를 조절합니다.

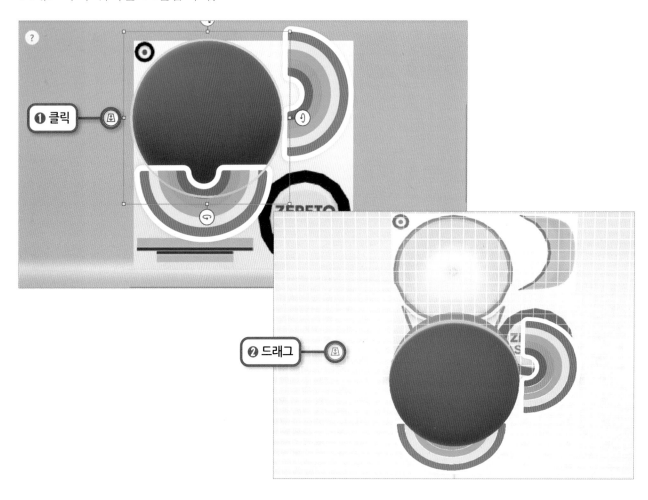

❻ '구형' 오브젝트가 선택된 상태에서 오른쪽 메뉴의 [색 편집]을 클릭한 후 원하는 질감과 색상을 선택합니다.

❼ 같은 방법으로 스냅백의 앞부분 단추를 꾸며 봅니다.

❽ [메뉴]-[다른 이름으로 저장]-[이미지]를 클릭하여 디자인한 스냅백을 이미지 파일로 저장합니다.

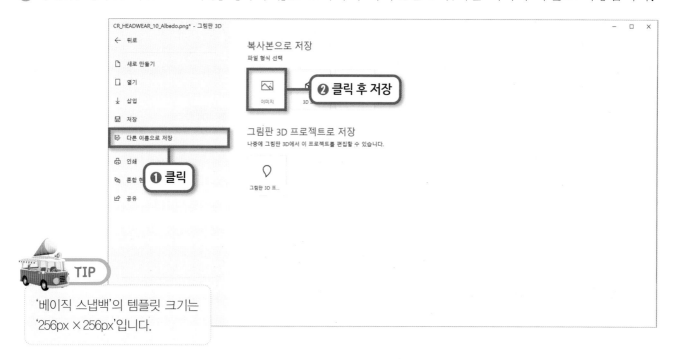

TIP

'베이직 스냅백'의 템플릿 크기는
'256px × 256px'입니다.

03 완성한 아이템 임시 저장하기

❶ 다시 제페토 스튜디오로 돌아와 [업로드하기]를 클릭하고 앞서 저장한 '스냅백' 파일을 불러와 확인한 후 화면 오른쪽 상단의 [확인]을 클릭합니다.

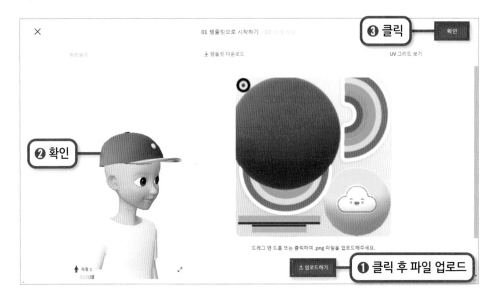

❷ [상세 정보] 창이 나타나면 아이템의 이름과 카테고리, 태그 등을 지정한 후 [저장]을 클릭합니다.

❸ 저장한 아이템은 제페토 스튜디오 메인 화면에서 [내 콘텐츠]를 클릭하면 확인할 수 있습니다.

TIP

아이템 목록에서 '더 보기(…)'를 클릭하면 스마트폰 제페토 앱에서 캐릭터가 아이템을 착용한 모습을 확인할 수 있고, 목록에서 아이템을 삭제할 수도 있습니다.

CHAPTER **06** 혼자 할 수 있어요!

① '베이직 스냅백' 템플릿을 다운로드 받은 후 그림판 3D를 이용해 디자인해 보세요.

● 완성 파일 : 무당벌레 스냅백.png

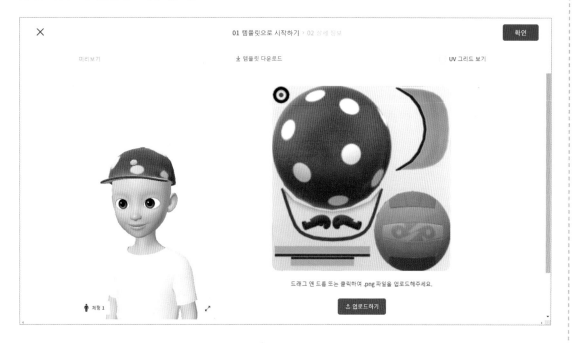

② 업로드한 아이템을 임시 저장한 후 [내 콘텐츠]에서 확인해 보세요.

제페토 스튜디오

나만의 머리띠 디자인하기

• 동그라미 머리띠 템플릿을 다운로드 받을 수 있습니다.

• 그림판 3D를 이용하여 2D 이미지를 3D 이미지로 변경할 수 있습니다.

• 3D 셰이프를 이용하여 도면을 따라 도형을 그릴 수 있습니다.

알아두기

3D 셰이프의 3D로 그리기를 이용하면 도면을 따라 도형을 직접 그릴 수 있습니다. 3D로 그리기에는 '관 브러시', '매끄러운 가장자리', '날카로운 가장자리' 브러시가 있는데, '관 브러시'는 드래그한 모양을 따라 관 모양의 도형을 그릴 수 있고 '매끄러운 가장자리', '날카로운 가장자리' 브러시는 드래그한 영역을 채울 수 있습니다.

템플릿 다운로드하기

① 크롬(◎) 브라우저를 실행하여 제페토 스튜디오 홈페이지(https://studio.zepeto.me/)에 접속한 후 로그인합니다.

② [+만들기]-[아이템]을 클릭하여 [아이템 만들기] 창이 나타나면 [헤드웨어]-[동그라미 머리띠]를 클릭합니다.

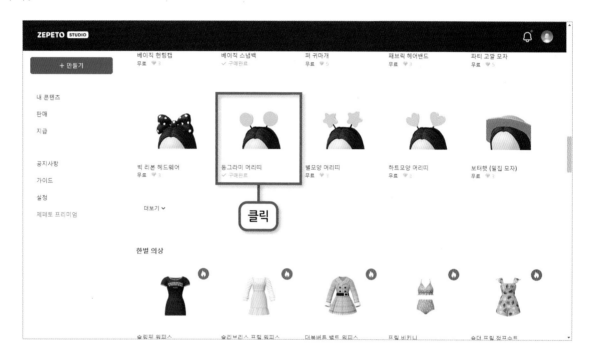

③ [템플릿 에디터] 창이 나타나면 [템플릿 다운로드]를 클릭하여 템플릿을 다운로드합니다.

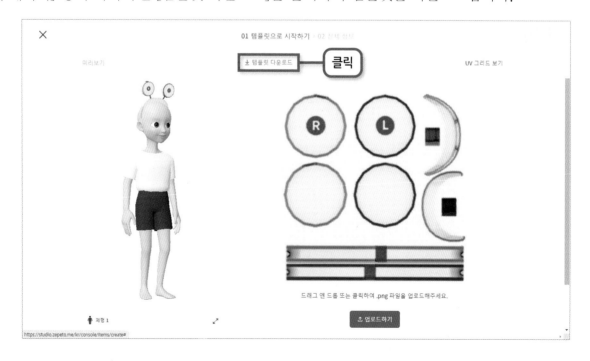

❶ 다운로드 받은 템플릿의 압축을 해제한 후 [그림판 3D]를 실행하고 'CR_HEADWEAR_1_base. png' 파일을 불러옵니다. 이어서 상단 메뉴의 [2D 세이프(⬚)]를 클릭한 후 '원'을 클릭하고 그림과 같이 드래그하여 '원'을 삽입합니다.

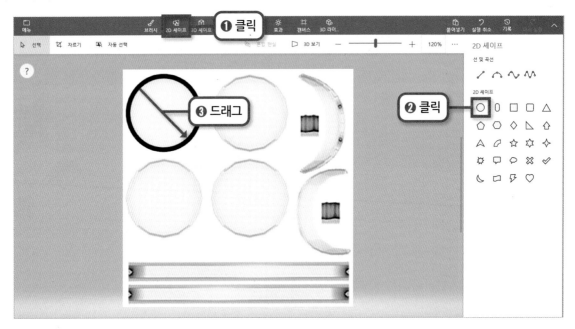

❷ 채우기, 선 종류, 두께 등의 서식을 지정한 후 [3D 만들기]를 클릭합니다.

 TIP

그림판 3D에서 2D 개체는 편집 후 크기 및 위치를 수정할 수 없기 때문에 [3D 만들기]를 클릭하여 2D 개체를 3D 개체로 변경합니다.

❸ 상단 메뉴의 [브러시(🖌)]를 클릭하여 브러시의 종류와 색상 등을 선택한 후 도형에 색을 칠합니다.

❹ 상단 메뉴의 [스티커(🖼)]를 클릭한 후 원하는 스티커를 삽입하고 [3D 만들기]를 클릭합니다.

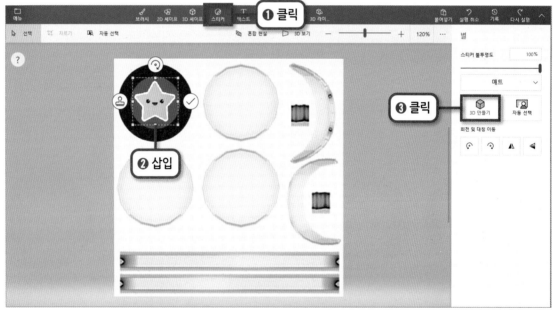

TIP

상단 메뉴의 [스티커(🖼)]를 클릭하면 '스티커(☺)', '질감(🔲)', '스티커 사용자 지정(📂)' 메뉴를 사용할 수 있습니다. '스티커 사용자 지정(📂)'을 클릭하면 외부 이미지를 업로드하여 아이템을 꾸밀 수 있습니다.

❺ 마우스를 드래그하여 삽입한 도형과 스티커를 선택한 후 마우스 오른쪽 버튼을 클릭하고 [복사]를 클릭합니다. 이어서 다시 마우스 오른쪽 버튼을 클릭하고 [붙여넣기]를 클릭하여 복사된 도형과 스티커를 오른쪽 도면으로 이동시킵니다.

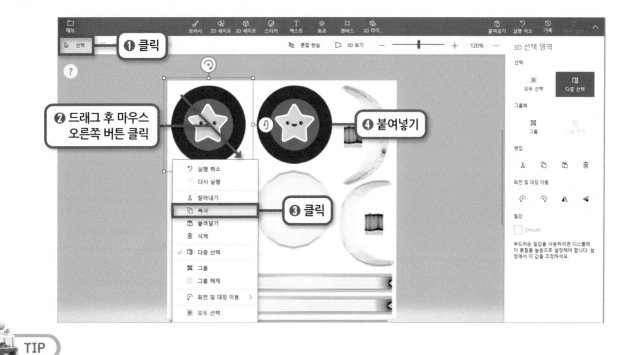

TIP

'원' 도형 안쪽 색상이 복사되지 않는다면 도형 안쪽 색상은 상단 메뉴의 [브러시(✎)]를 이용하여 채워 봅니다.

❻ 복사된 장식에서 스티커를 삭제하고 다른 스티커를 삽입합니다. 이어서 같은 방법으로 완성된 머리 장식을 복사하고 붙여 넣어 머리 장식을 완성합니다.

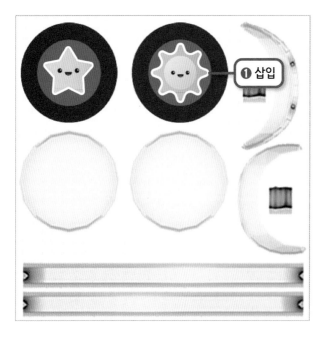 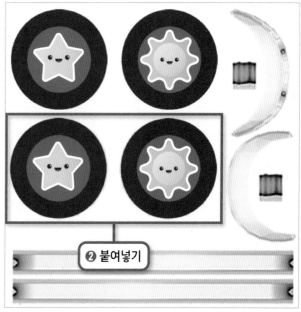

03 도면 따라 도형 그리기

❶ 상단 메뉴의 [3D 셰이프(⬢)]를 클릭한 후 [3D로 그리기]에서 '매끄러운 가장자리'를 선택합니다. 이어서 색상을 지정한 후 화면을 확대하고 도면을 따라 그림과 같이 선을 그립니다.

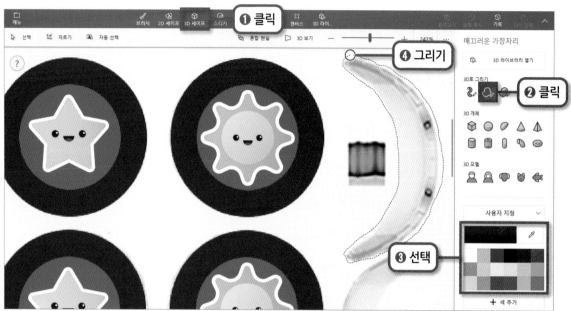

TIP

• '매끄러운 가장자리' 브러시는 선으로 외곽선을 그리면 외곽선 안쪽에 색을 채울 수 있습니다.
• 도면 안쪽에 그려진 그림만 아이템에 적용되므로, 도면의 범위를 약간 벗어나도록 그리는 것이 좋습니다.

❷ 도형에 색이 채워지면 나머지 도면도 '매끄러운 가장자리', '날카로운 가장자리', '관 브러시' 브러시를 이용하여 색을 채워 봅니다.

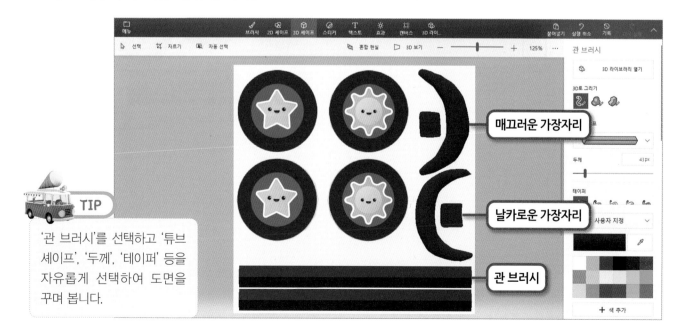

TIP

'관 브러시'를 선택하고 '튜브 셰이프', '두께', '테이퍼' 등을 자유롭게 선택하여 도면을 꾸며 봅니다.

❸ [메뉴]-[다른 이름으로 저장]-[이미지]를 클릭하여 디자인한 머리띠를 이미지 파일로 저장합니다.

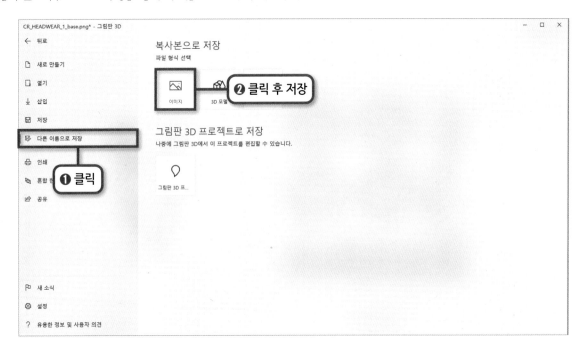

❹ 제페토 스튜디오로 돌아와 [업로드하기]를 클릭한 후 앞서 저장한 '머리띠' 파일을 불러와 [미리
보기] 창에서 마우스를 드래그하여 확인합니다.

❺ 완성한 아이템을 저장하기 위해 화면 오른쪽 상단의 [확인]을 클릭하고 아이템 이름, 카테고리,
태그 등을 지정한 후 [저장]을 클릭합니다.

1 '하트모양 머리띠' 템플릿을 다운로드 받은 후 그림판 3D를 이용해 디자인하고 업로드하여 저장해 보세요.

● 완성 파일 : 하트 머리띠.png

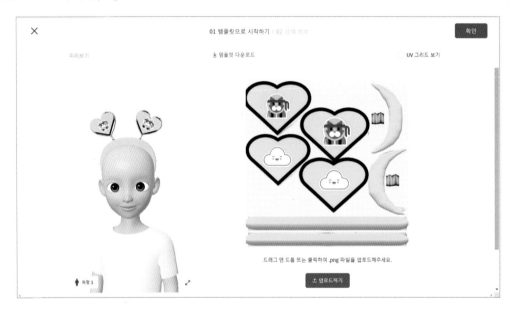

2 '빅 리본 헤드웨어' 템플릿을 다운로드 받은 후 그림판 3D를 이용해 디자인하고 업로드하여 저장해 보세요.

● 완성 파일 : 도트 리본 머리띠.png

08 완성한 아이템 심사 제출하기

학습
목표

- 베이직 새부리형 마스크 템플릿을 다운로드 받을 수 있습니다.
- 그림판 3D의 선 및 곡선을 이용하여 템플릿 외곽선을 그릴 수 있습니다.
- 스티커를 삽입하여 마스크를 디자인할 수 있습니다.
- 완성한 아이템을 심사에 제출할 수 있습니다.

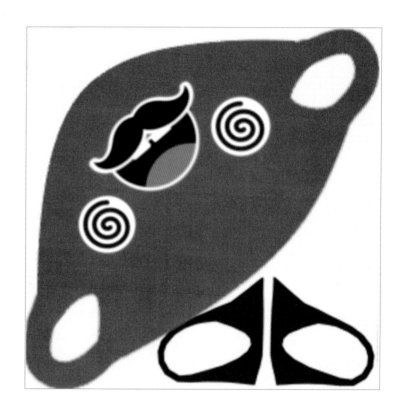

알아두기

아이템 심사 제출

제페토 스튜디오에서 제작한 아이템은 심사를 거쳐 승인을 받아야만 다른 사용자에게 공개됩니다.
제출한 아이템에 오류가 있거나 문제가 있는 경우에는 제페토 스튜디오에서 수정을 요청할 수 있으며,
적절하지 않은 아이템 혹은 저작권 등에 문제가 있는 아이템은 심사가 반려될 수 있습니다.

01 템플릿 다운로드하기

❶ 크롬(⊙) 브라우저를 실행하여 제페토 스튜디오 홈페이지(https://studio.zepeto.me/)에 접속한 후 로그인합니다.

❷ [+만들기]−[아이템]을 클릭하여 [아이템 만들기] 창이 나타나면 [액세서리]−[베이직 새부리형 마스크]를 클릭합니다.

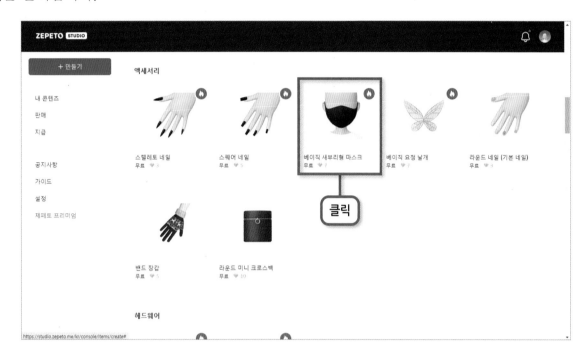

❸ [템플릿 에디터] 창이 나타나면 [템플릿 다운로드]를 클릭하여 템플릿을 다운로드합니다.

02 마스크 디자인하기

❶ 다운로드 받은 템플릿의 압축을 해제한 후 [그림판 3D]를 실행하고 'CR_MASK_2_Albedo.png' 파일을 불러옵니다. 이어서 상단 메뉴의 [2D 세이프(🖼)]를 클릭한 후 '5점 곡선'을 클릭하고 그림과 같이 드래그하여 곡선을 삽입합니다.

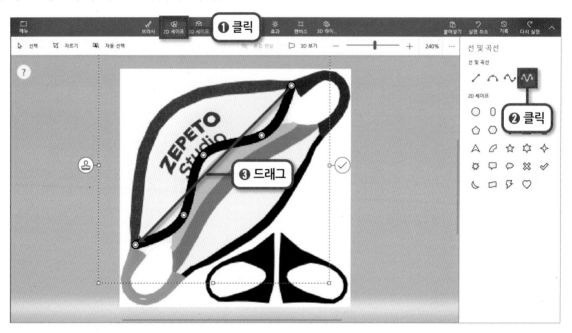

❷ 조절점(○)을 드래그하여 그림과 같이 모양을 변경한 후 선 색, 두께를 지정하고 [3D 만들기]를 클릭합니다.

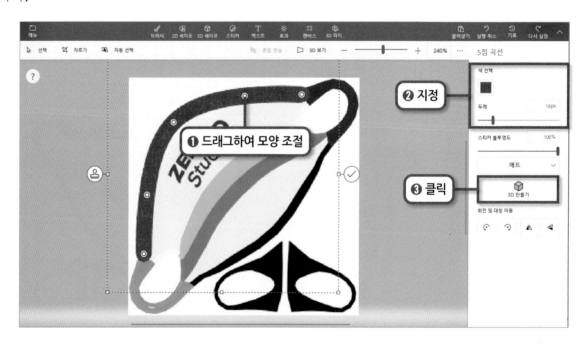

❸ [2D 셰이프]의 선 및 곡선을 이용하여 그림과 같이 마스크의 외곽선을 모두 그립니다.

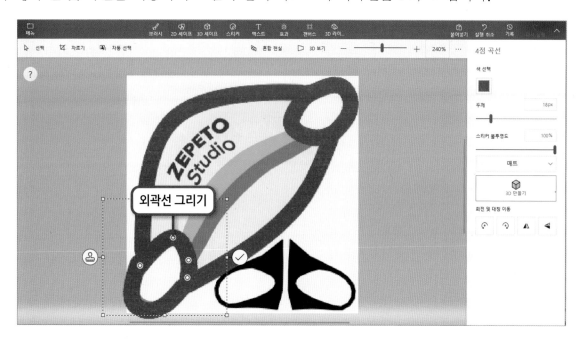

❹ 상단 메뉴의 [브러시(🖌)]를 클릭하고 '마커'를 선택한 후 그림과 같이 마스크 안쪽에 색을 채웁니다.

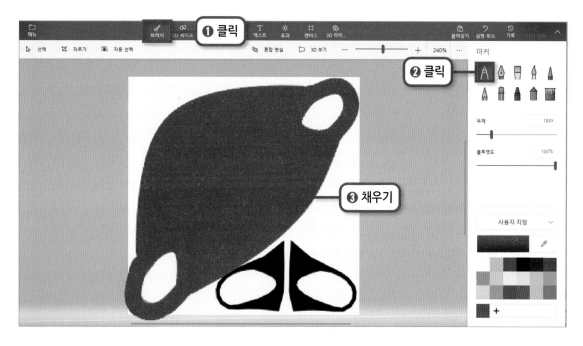

⑤ 상단 메뉴의 [스티커(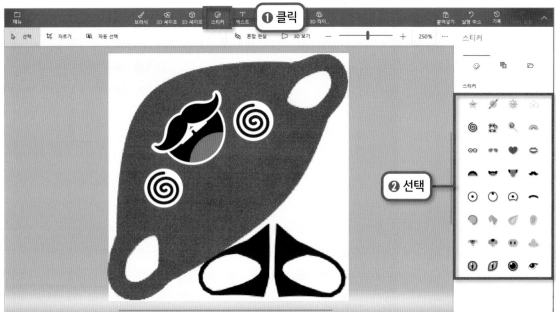)]를 클릭하여 자유롭게 마스크를 꾸며 봅니다.

 TIP

스티커를 삽입하고 [3D 만들기]를 클릭하여 3D 개체로 변경합니다. 또한 [Z축 위치(⊕)]를 드래그하여 개체의 순서도 조절합니다.

⑥ [메뉴]-[다른 이름으로 저장]-[이미지]를 클릭하여 디자인한 마스크를 이미지 파일로 저장합니다.

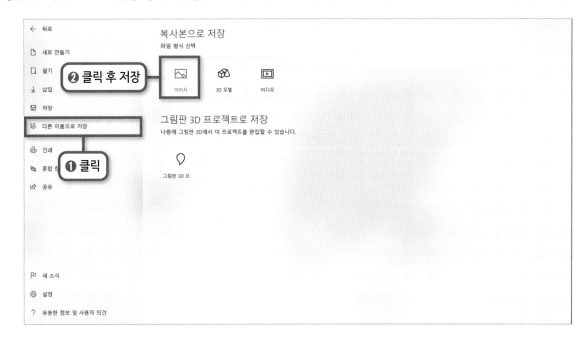

03 완성한 아이템 심사 제출하기

❶ 제페토 스튜디오로 돌아와 [업로드하기]를 클릭한 후 앞서 저장한 '마스크' 파일을 불러와 확인하고 화면 오른쪽 상단의 [확인]을 클릭합니다.

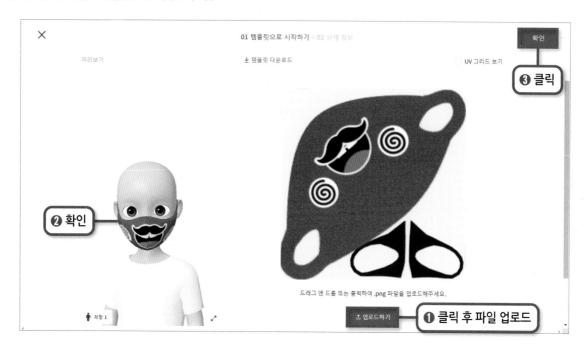

❷ [상세 정보] 창이 나타나면 아이템 이름, 카테고리, 태그 등을 지정한 후 화면 오른쪽 상단의 [심사 제출하기]를 클릭합니다.

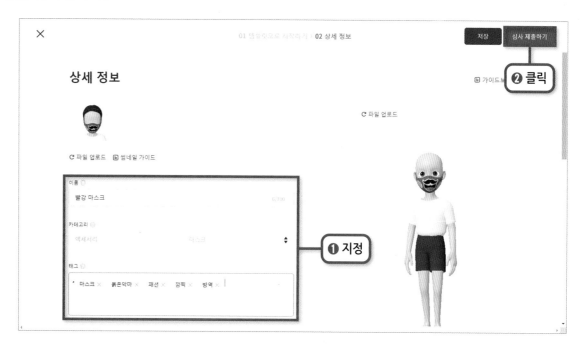

❸ [심사 가이드라인을 확인해 주세요!] 대화상자가 나타나면 가이드라인을 확인하고 '심사 가이드라인을 확인하였습니다.'에 체크한 후 [심사 제출하기]를 클릭합니다.

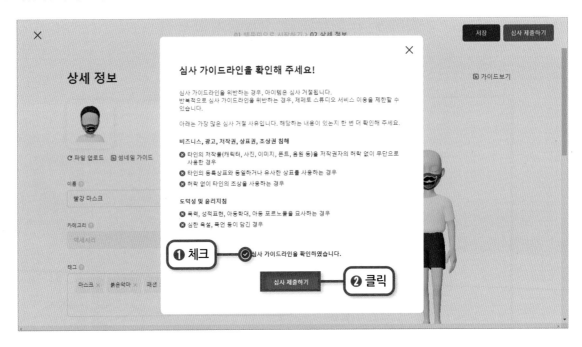

❹ 아이템의 심사 검토 상태는 제페토 스튜디오 메인 화면의 [내 콘텐츠]를 클릭하면 확인할 수 있습니다.

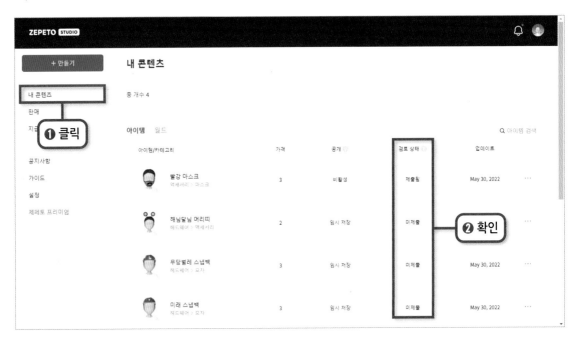

1 '슬림핏 원피스' 템플릿을 클릭하고 예제 파일을 업로드한 후 심사를 제출해 보세요.

● 예제 파일 : 컬러링.png

2 [내 콘텐츠]에서 심사가 승인된 아이템이 있는지 확인해 보세요.

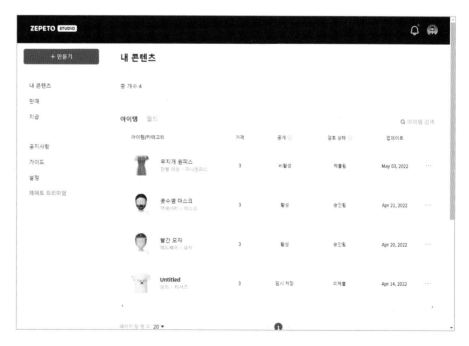

09 제페토 빌드잇 시작하기

학습목표

- 제페토 빌드잇의 화면 구성을 확인할 수 있습니다.
- 제페토 빌드잇의 화면 제어 방법을 알 수 있습니다.
- 오브젝트를 추가하고 제어하는 방법을 알 수 있습니다.

알아두기

오브젝트

건물이나 나무, 바위, 자동차 등 제페토 월드를 제작하고 꾸미기 위해 사용하는 모든 개체를 '오브젝트'라고 부릅니다. 제페토 빌드잇에서는 다양한 종류의 오브젝트를 제공하고 있으며 각 오브젝트들은 테마별로 구분되어 있습니다.

01 제페토 빌드잇 시작하기

❶ [시작(⊞)] 메뉴-[ZEPETO build it]을 클릭하여 제페토 빌드잇을 실행한 후 로그인합니다.

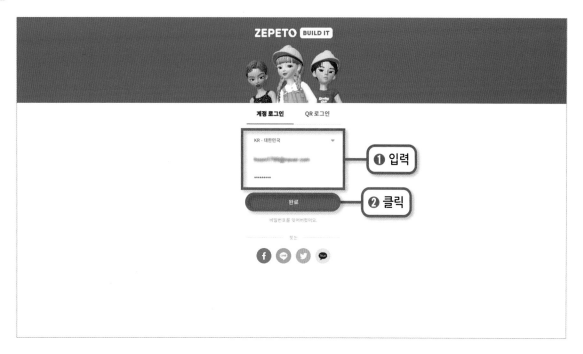

❷ 왼쪽 메뉴의 [+새로 만들기]를 클릭하여 제페토 빌드잇에서 제공하는 월드 템플릿 목록을 확인한 후 [Plain]을 클릭합니다.

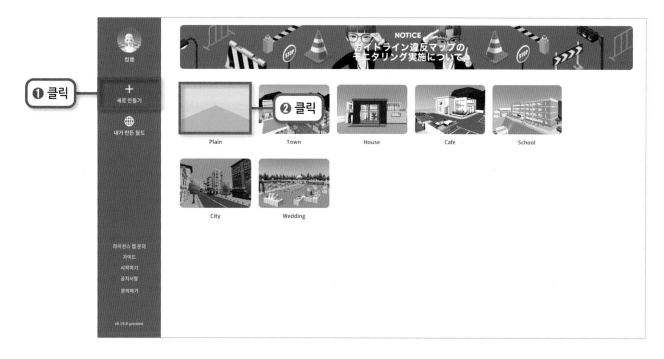

❸ 월드가 나타나면 제페토 빌드잇의 화면 구성을 확인합니다.

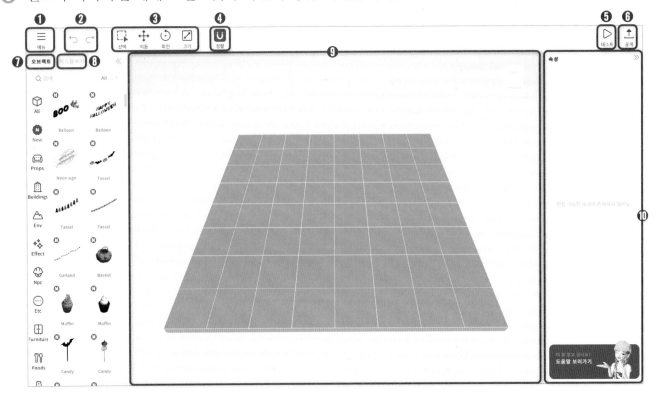

❶ 메뉴 : 제페토 빌드잇 홈으로 이동하거나 완성한 월드를 저장하거나 월드를 새로 만들 수 있습니다.

❷ 실행 취소/다시 실행 : 작업을 이전 단계로 되돌리거나 이전 단계로 되돌린 작업을 다시 앞으로 되돌릴 수 있습니다.

❸ 도구 : 오브젝트를 선택하거나 오브젝트의 위치, 방향, 크기를 조절할 수 있습니다.

❹ 정렬 : 격자 무늬를 표시하거나 숨길 수 있습니다. 격자 무늬를 숨기면 오브젝트의 속성을 세밀하게 조절할 수 있습니다.

❺ 테스트 : 완성된 월드를 체험할 수 있습니다.

❻ 공개 : 완성된 월드를 제페토 월드에서 플레이할 수 있도록 심사를 신청할 수 있습니다.

❼ 오브젝트 : 제페토 월드를 제작하고 꾸밀 수 있는 다양한 개체들이 표시됩니다.

❽ 익스플로러 : 월드의 지형, 하늘, 배경음악 등을 변경하거나 월드에 삽입된 오브젝트 목록을 확인할 수 있습니다.

❾ 작업 창 : 캐릭터가 활동할 수 있는 가상의 공간으로, 월드를 제작할 수 있는 공간입니다.

❿ 속성 : 선택한 오브젝트의 위치, 방향, 크기, 색상 등의 속성이 표시됩니다.

02 제페토 빌드잇 화면 제어하기

❶ 작업 창에서 마우스 휠을 위로 밀거나 아래로 당기면 화면을 확대하거나 축소할 수 있습니다.

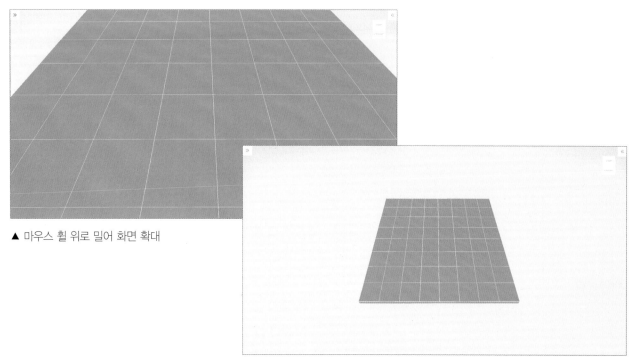

▲ 마우스 휠 위로 밀어 화면 확대

▲ 마우스 휠 아래로 당겨 화면 축소

❷ 마우스 휠을 클릭한 상태로 마우스를 드래그하면 드래그한 방향으로 화면이 이동됩니다.

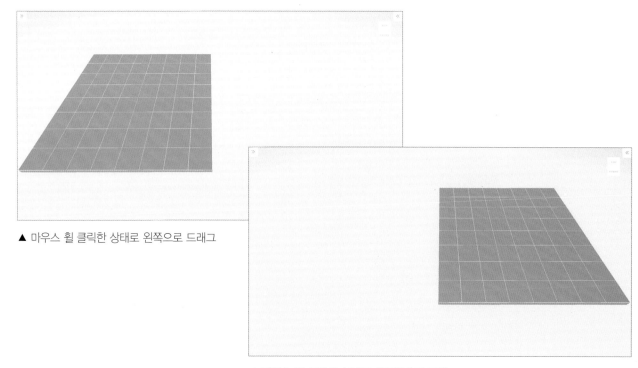

▲ 마우스 휠 클릭한 상태로 왼쪽으로 드래그

▲ 마우스 휠 클릭한 상태로 오른쪽으로 드래그

❸ 마우스 오른쪽 버튼을 클릭한 상태로 마우스를 드래그하면 드래그한 방향으로 화면이 회전됩니다.

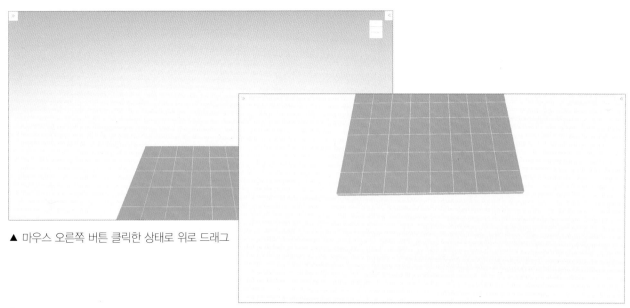

▲ 마우스 오른쪽 버튼 클릭한 상태로 위로 드래그

▲ 마우스 오른쪽 버튼 클릭한 상태로 아래로 드래그

TIP

단축키로 화면 제어하기

단축키	설명	단축키	설명
W	화면 확대	Q	화면 위쪽 이동
S	화면 축소	E	화면 아래쪽 이동
A	화면 왼쪽 이동	F	선택한 오브젝트 확대
D	화면 오른쪽 이동	Space Bar + 마우스 드래그	드래그한 방향으로 이동

❹ 화면 오른쪽 상단의 [뷰 큐브]를 이용하면 화면의 방향을 제어할 수 있습니다.

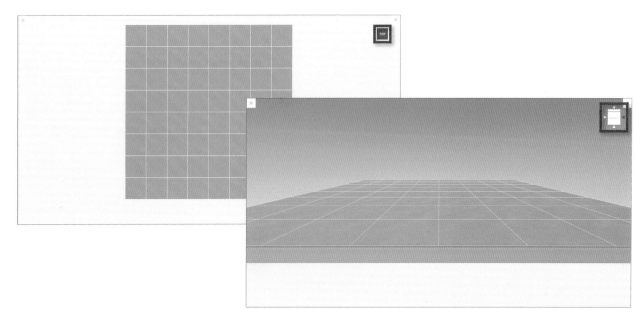

03 오브젝트 추가하고 제어하기

❶ [오브젝트] 탭을 클릭한 후 검색창에 'House_03'을 검색하여 오브젝트가 검색되면 오브젝트를 클릭하고 지형을 클릭합니다. 이어서 Esc 를 눌러 오브젝트 추가를 종료합니다.

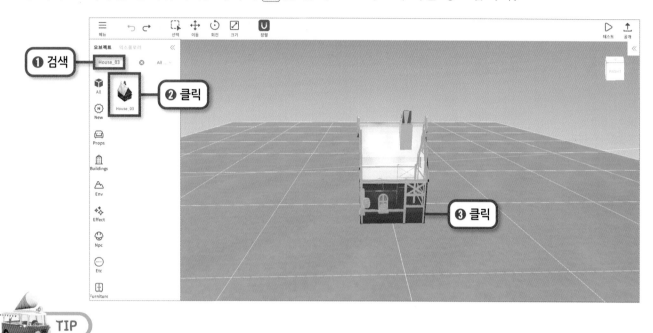

TIP

• 오브젝트를 검색할 때는 특정 카테고리를 선택하지 않고 [All]을 선택한 후 검색합니다.

• 오브젝트를 선택하고 지형을 클릭하면 계속해서 오브젝트를 추가할 수 있습니다. 오브젝트 추가를 종료하려면 Esc 를 누르거나 마우스 오른쪽 버튼을 클릭합니다.

❷ 추가된 오브젝트를 선택하고 상단 메뉴의 도구에서 [이동(✛)]을 클릭한 후 오브젝트에 화살표가 나타나면 각 화살표를 클릭하고 드래그하여 위치를 변경합니다.

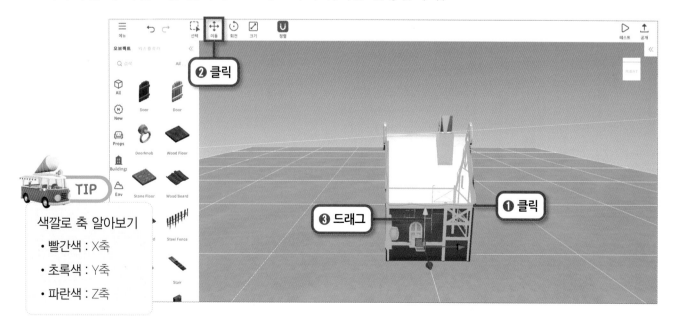

TIP

색깔로 축 알아보기
• 빨간색 : X축
• 초록색 : Y축
• 파란색 : Z축

❸ 이어서 [회전(🔄)]을 클릭한 후 오브젝트에 X, Y, Z 회전 조절선이 나타나면 각 선을 드래그하여 회전시킵니다.

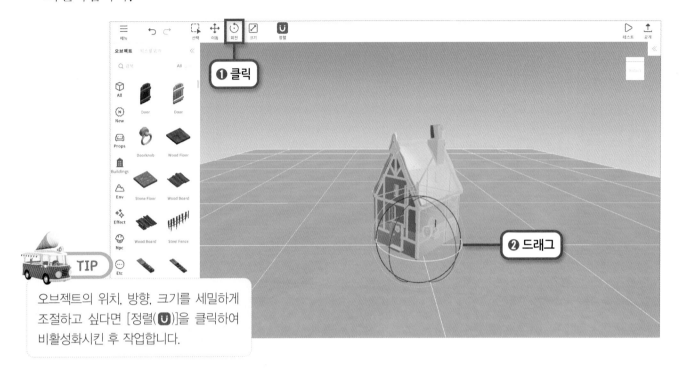

TIP
오브젝트의 위치, 방향, 크기를 세밀하게 조절하고 싶다면 [정렬(🔄)]을 클릭하여 비활성화시킨 후 작업합니다.

❹ [크기(📐)]를 클릭한 후 X, Y, Z 크기 조절선이 나타나면 각 선을 드래그하여 크기를 변경합니다.

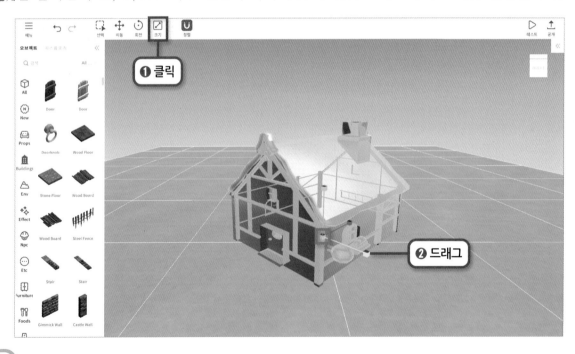

TIP
3가지 선 가운데 중심 사각형을 클릭한 후 드래그하면 오브젝트의 크기를 전체적으로 조절할 수 있습니다.

CHAPTER 09

혼자 할 수 있어요!

1 [House] 템플릿을 불러와 오브젝트를 추가한 후 위치, 방향, 크기를 자유롭게 변경해 보세요.

> hint 'Buildings', 'Env' 카테고리에서 오브젝트를 선택합니다.

2 건물 안으로 이동하여 오브젝트를 추가한 후 위치, 방향, 크기를 자유롭게 변경해 보세요.

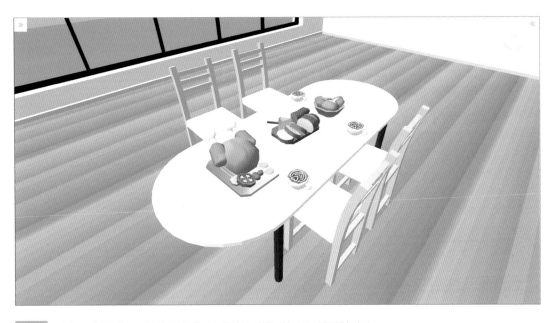

> hint 마우스 휠을 위로 밀어 화면을 확대하여 건물 안으로 이동합니다.

10 우리나라 궁궐 만들기

- 여러 오브젝트를 추가하고 조합하여 궁궐을 만들 수 있습니다.
- 오브젝트를 복제하여 궁궐 벽을 만들 수 있습니다.
- 완성한 월드를 테스트하고 저장할 수 있습니다.

알아두기

오브젝트 복제와 속성 값

같은 오브젝트를 계속해서 추가해야 하는 경우에는 '복제' 기능을 이용하면 더욱 편리하게 작업할 수 있습니다. 또한 상단 메뉴의 '도구'를 이용해 위치, 방향, 크기를 변경할 수도 있지만 오브젝트의 속성 값을 수치로 입력하여 변경하면 더욱 완성도 있는 월드를 제작할 수 있습니다.

01 궁궐 바닥과 벽체 만들기

① [시작(▦)] 메뉴-[ZEPETO build it]을 클릭하여 제페토 빌드잇을 실행하고 로그인한 후 [+새로 만들기]-[Plain]을 클릭합니다.

② 월드가 나타나면 [All]을 클릭한 후 [오브젝트] 탭 검색창에서 'Building 1'을 검색하여 오브젝트를 그림과 같이 추가합니다.

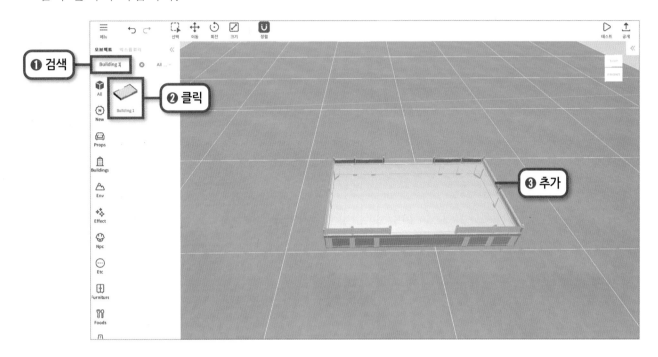

③ 궁궐의 바닥이 만들어지면 다시 검색창에 'Building 2'를 검색하여 오브젝트를 그림과 같이 추가합니다.

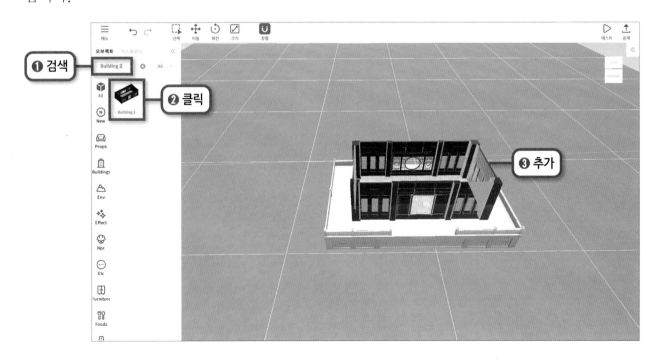

④ Ctrl 을 누른 상태로 'Building 1', 'Building 2' 오브젝트를 클릭하여 선택한 후 [뷰 큐브]의 'TOP'을 클릭해 위쪽에서 오브젝트가 배치된 모습을 확인합니다.

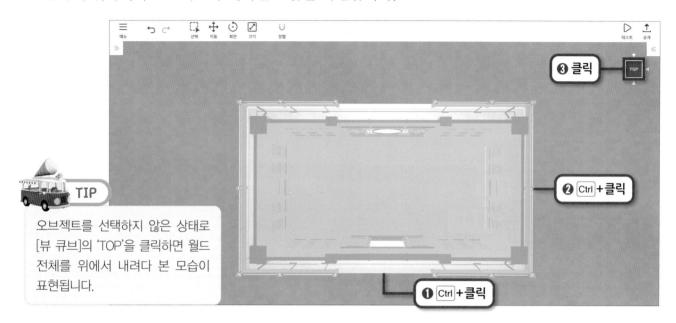

TIP

오브젝트를 선택하지 않은 상태로 [뷰 큐브]의 'TOP'을 클릭하면 월드 전체를 위에서 내려다 본 모습이 표현됩니다.

⑤ 같은 방법으로 오브젝트를 모두 선택하고 [뷰 큐브]의 ▶, ◀, ▼, ▲를 클릭하여 오브젝트가 배치된 모습을 확인합니다.

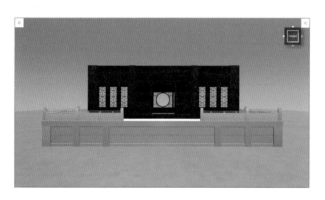
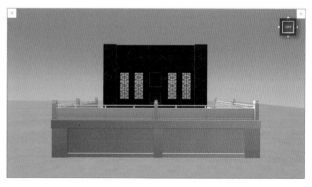
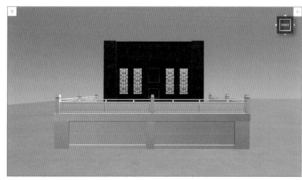
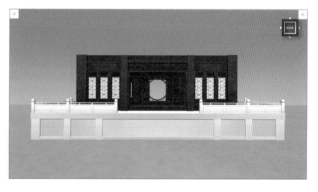

TIP

제페토 월드는 3차원으로 제작되기 때문에 오브젝트가 배치된 모습을 한 방향에서만 확인해서는 안 되며, 여러 방향에서 확인해야 합니다. 따라서 [뷰 큐브]를 이리 저리 회전하며 오브젝트가 배치된 모습을 확인합니다.

02 궁궐 지붕 만들기

① 'Roof' 오브젝트를 검색하여 그림과 같이 추가합니다.

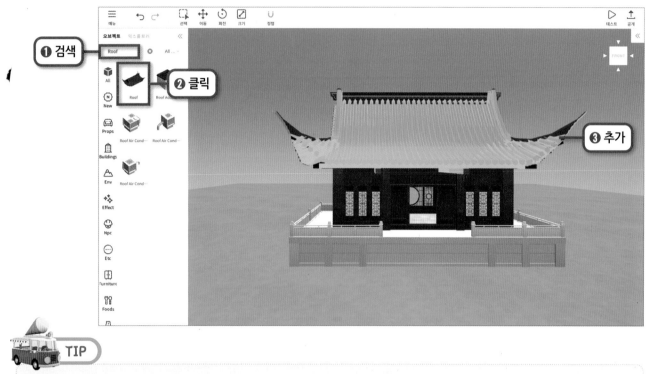

TIP

'Roof' 오브젝트가 'Building 2' 오브젝트에 닿으면 크기가 변경됩니다. 이때 마우스를 클릭하여 오브젝트를 추가합니다.

② 이어서 [뷰 큐브]를 이용하여 'Roof' 오브젝트가 배치된 모습을 확인한 후 상단 메뉴의 도구에서 [이동(✥)]을 클릭하여 위치를 조절합니다.

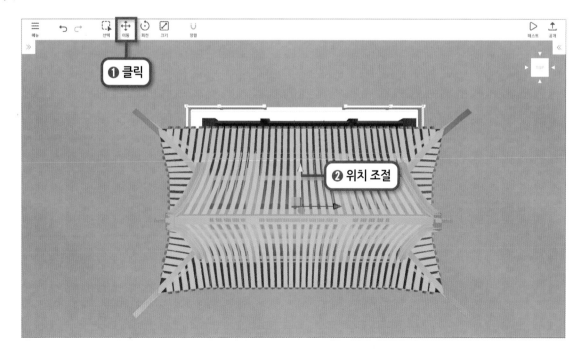

❶ 'Stairs' 오브젝트를 검색하여 추가한 후 화면을 회전하며 오브젝트의 위치와 크기를 조절합니다.

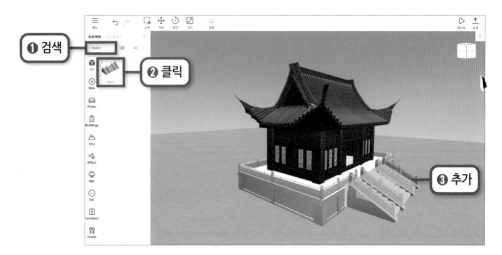

❷ 'Hanok Gate' 오브젝트를 검색하여 추가한 후 화면을 회전하며 오브젝트의 위치와 크기를 조절합니다.

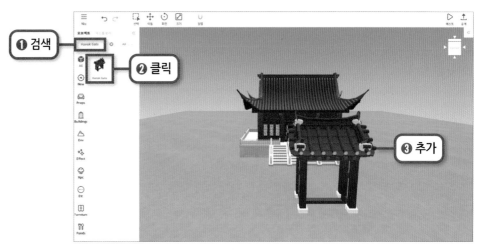

❸ 'Hanok Wall' 오브젝트를 검색하여 추가한 후 화면을 회전하며 오브젝트의 위치와 크기를 조절합니다.

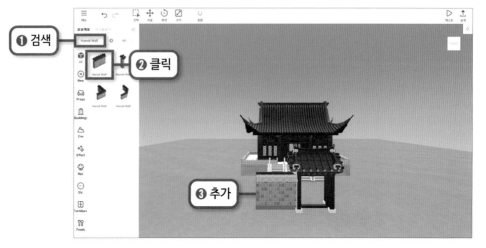

❹ 'Hanok Wall' 오브젝트를 마우스 오른쪽 버튼으로 클릭한 후 [복제]를 클릭합니다.

TIP

Ctrl + D 를 눌러 오브젝트를
복제할 수도 있습니다.

❺ 오브젝트가 복제되면 상단 메뉴의 도구에서 [이동(✛)]을 클릭하여 위치를 조절합니다.

❻ 앞서 배운 내용을 바탕으로 다양한 오브젝트를 추가하고 위치, 방향, 크기를 조절하여 우리나라
궁궐을 완성해 봅니다.

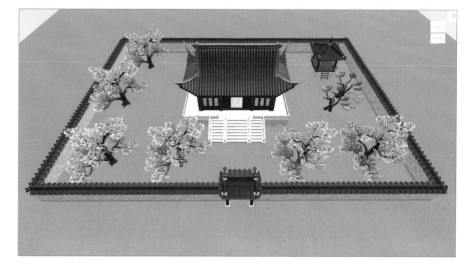

❶ 완성한 월드를 테스트하기 위해 화면 오른쪽 상단의 [테스트(▷)]를 클릭하고 캐릭터의 움직임을 제어하며 완성된 월드를 확인합니다.

TIP

• 테스트는 개발자 본인만 참여할 수 있으며 다른 사용자들은 다른 사용자가 만든 월드를 테스트할 수 없습니다.

• 테스트를 종료하려면 Esc 를 누릅니다.

❷ 완성한 월드를 저장하기 위해 [메뉴]-[저장]을 클릭하여 [저장할까요?] 대화상자가 나타나면 월드 이름을 입력한 후 [저장]을 클릭합니다.

❸ 저장된 월드는 메인 화면의 [내가 만든 월드]에서 확인할 수 있습니다.

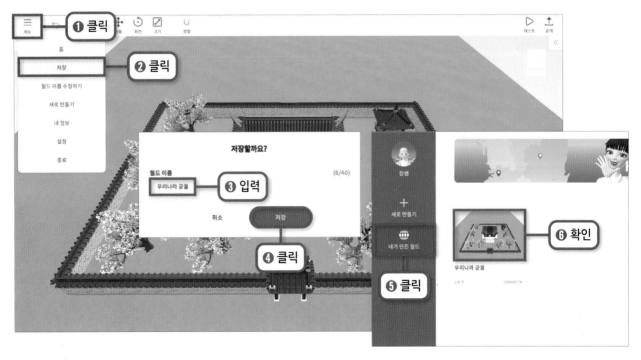

1 [Town] 템플릿을 불러와 오브젝트를 추가한 후 오브젝트의 속성 값을 변경하고 복제하여
월드를 완성해 보세요.

hint 'Type' 오브젝트를 검색하여 다양한 건물을 완성합니다.

2 완성한 월드를 테스트한 후 저장해 보세요.

별이 빛나는 해변 만들기

- 지형의 크기를 조절할 수 있습니다.
- 지형의 종류를 변경할 수 있습니다.
- 하늘 색상을 변경하여 월드 시간을 표현할 수 있습니다.

알아두기

월드 지형

지형의 크기는 제페토 월드에서 캐릭터가 이동할 수 있는 공간이나 오브젝트를 배치할 수 있는 공간의 크기를 의미합니다. 만약 제페토 월드를 플레이하다가 캐릭터가 지형 밖으로 벗어나면 다시 시작 위치로 이동하게 됩니다.

01 월드 지형 크기 조절하기

❶ [시작(⊞)] 메뉴−[ZEPETO build it]을 클릭하여 제페토 빌드잇을 실행하고 로그인한 후 [+새로 만들기]−[Plain]을 클릭합니다.

❷ 지형의 크기를 변경하기 위해 [익스플로러] 탭에서 [월드]−[지형]을 클릭합니다.

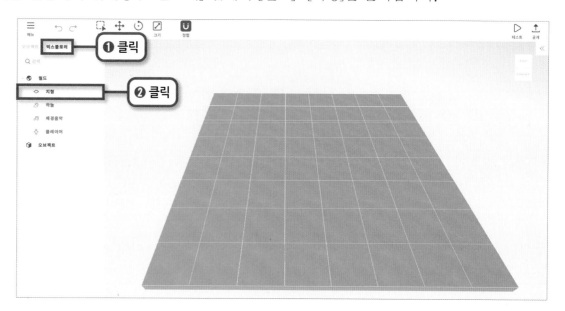

❸ 이어서 [속성] 창을 열고 [지형 크기조절(⚬)]을 클릭합니다.

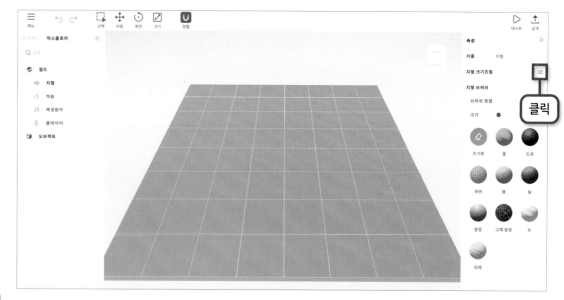

익스플로러

월드의 구성 요소를 한 눈에 확인하고 관리할 수 있는 메뉴로 '월드'와 '오브젝트'로 구성되어 있습니다.

• **월드** : 지형 및 하늘, 배경음악, 플레이어 등을 설정할 수 있습니다.

• **오브젝트** : 월드에 배치된 오브젝트 목록을 확인하고 관리할 수 있습니다.

❹ 지형의 크기를 조절할 수 있는 편집 모드가 실행되면 지형에 나타난 '⊕', '⊖' 버튼을 클릭하여
  지형의 크기를 조절해 봅니다.

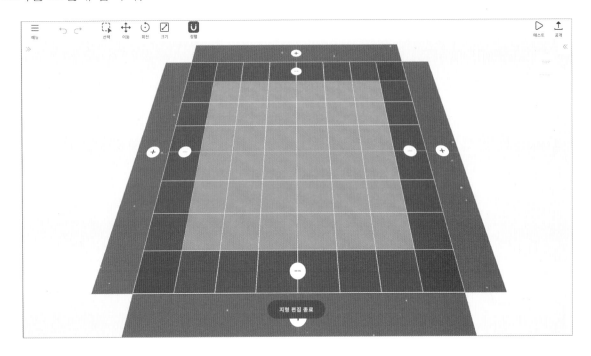

❺ 지형 편집이 완료되면 화면 하단의 [지형 편집 종료]를 클릭합니다.

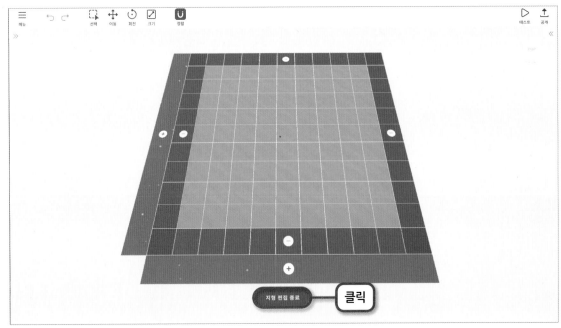

TIP

지형의 크기

• 지형의 크기는 최소 '6X6'부터 최대 '12X12'까지 변경할 수 있습니다.

• 지형 밖에 오브젝트를 배치해 설정한 지형의 크기보다 큰 지형을 만들 수도 있습니다.

02 지형 브러쉬로 지형 변경하기

❶ [익스플로러] 탭에서 [월드]-[지형]을 클릭한 후 [속성] 창에서 [지형 브러쉬]-[물]을 클릭합니다.

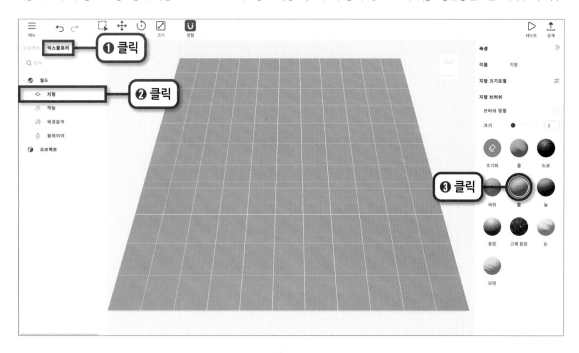

❷ 브러쉬의 크기를 변경하며 지형에 물을 그려 봅니다.

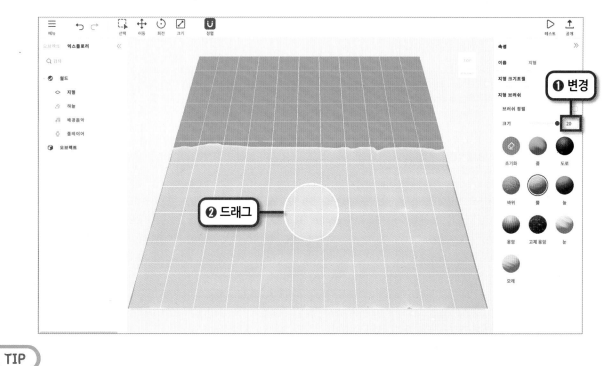

TIP

[브러쉬 정렬]에 체크하고 지형을 그리면 반듯한 지형을 그릴 수 있습니다.

❸ '풀' 지형 브러쉬를 선택한 후 앞서 그린 '물' 지형 위에서 마우스를 드래그합니다. 마우스로 드래 그해도 '물' 지형이 '풀' 지형으로 변하지 않는 것을 확인합니다.

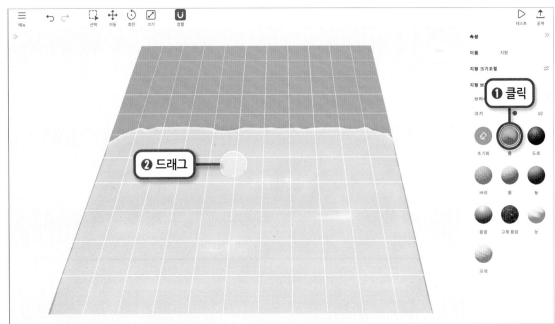

 TIP

다른 지형으로 변하지 않는 지형 브러쉬

지형 브러쉬 중 '물', '용암', '늪' 브러쉬로 그린 지형 위에 다른 지형을 그릴 수 없습니다. '물', '용암', '늪' 브러쉬로 그린 지형을 다른 지형으로 변경하려면 '초기화'를 클릭하여 그려진 지형을 지운 후 원하는 지형을 그립니다.

❹ '초기화'를 클릭한 후 '물' 지형 위를 드래그하여 삭제합니다.

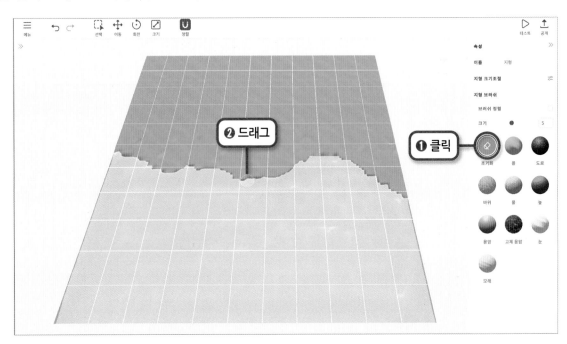

❺ '모래' 지형 브러쉬를 선택한 후 드래그하여 해변을 만들어 봅니다.

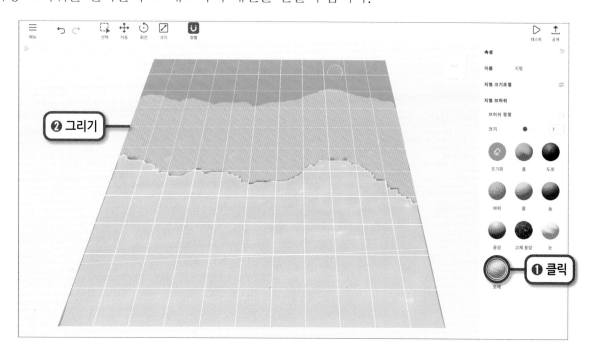

❻ 같은 방법으로 '도로', '바위' 지형 브러쉬를 이용하여 지형을 꾸며 봅니다.

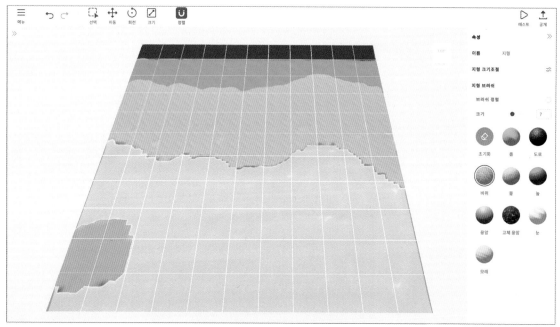

TIP

지형 브러쉬를 이용하여 지형을 꾸민 후 건물이나 자동차 등의 다양한 오브젝트를 배치하여 월드를 꾸미기 때문에 지형은 대략적인 형태로 구성합니다.

❶ [익스플로러] 탭에서 [월드]−[하늘]을 클릭한 후 [속성] 창에서 [하늘 색상] 슬라이드를 드래그하여 하늘 색상을 변경합니다.

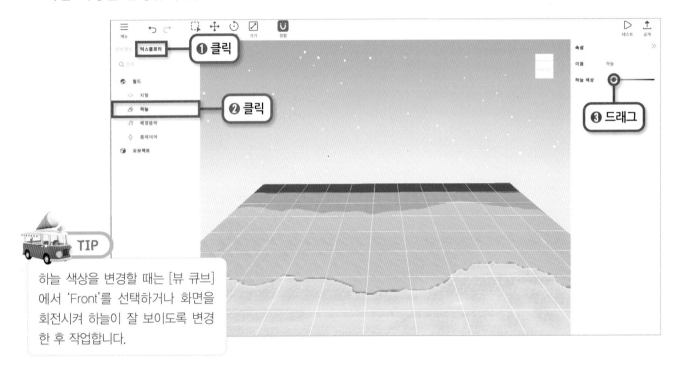

TIP

하늘 색상을 변경할 때는 [뷰 큐브]에서 'Front'를 선택하거나 화면을 회전시켜 하늘이 잘 보이도록 변경한 후 작업합니다.

❷ 하늘 색상에 따라 별이 보이거나 감춰지는 모습을 확인합니다.

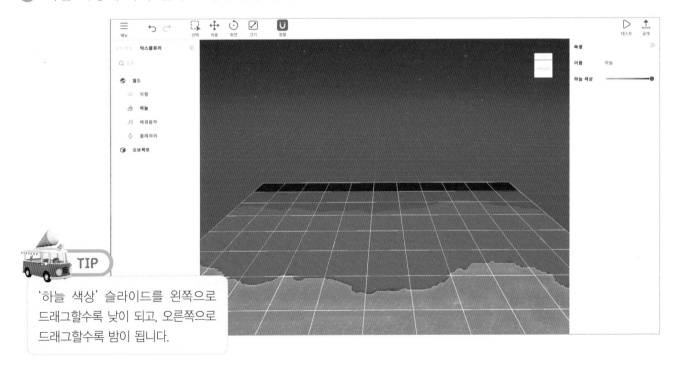

TIP

'하늘 색상' 슬라이드를 왼쪽으로 드래그할수록 낮이 되고, 오른쪽으로 드래그할수록 밤이 됩니다.

❸ 완성된 월드를 테스트한 후 저장합니다.

1 다양한 오브젝트를 추가하고 배치하여 지형을 꾸며 보세요.

2 노을진 해변을 표현할 수 있도록 하늘 색상을 변경해 보세요.

CHAPTER

12 알록달록 파티장 만들기

- 오브젝트 속성 창에서 오브젝트의 위치, 방향, 크기를 조절할 수 있습니다.
- 오브젝트 속성 창에서 오브젝트의 색상을 변경할 수 있습니다.
- 다양한 오브젝트를 추가하여 파티장 월드를 완성할 수 있습니다.

알아두기

오브젝트의 위치, 방향, 크기에 사용되는 X, Y, Z값
오브젝트 속성 창에서 오브젝트의 현재 위치, 방향, 크기 X, Y, Z값을 확인할 수 있는데, [뷰 큐브]를 'TOP'으로 지정하고 바라보았을 때 가로 방향은 'X'축, 세로 방향은 'Z'축, 상하 방향은 'Y'축으로 표시됩니다.

01 오브젝트 위치, 방향, 크기 변경하기

❶ [시작(⊞)] 메뉴-[ZEPETO build it]을 클릭하여 제페토 빌드잇을 실행하고 로그인한 후 [+새로 만들기]-[Wedding]을 클릭합니다.

❷ 화면을 확대한 후 오른쪽 'Swing' 오브젝트를 클릭한 후 [속성 창 열기(《)]를 클릭합니다.

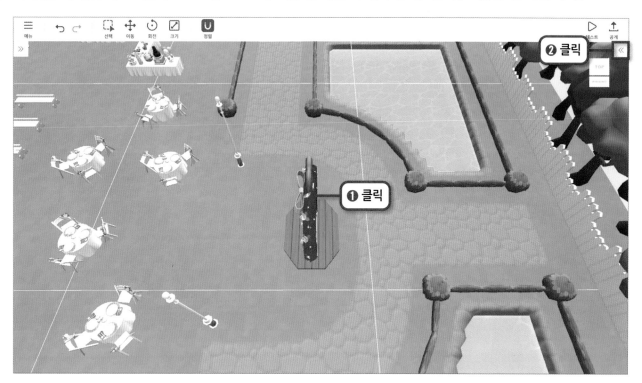

❸ [속성] 창이 나타나면 [속성] 창의 구성을 확인합니다.

❶ 이름 : 선택된 오브젝트의 이름을 확인하고 이름을 변경할 수 있습니다.

❷ 변환 : 오브젝트의 위치, 방향, 크기를 X, Y, Z값으로 변경할 수 있습니다.

❸ 물리 : 오브젝트의 물리 기능을 활성화하거나 비활성화할 수 있습니다.

❹ 색상 : 오브젝트의 색상을 변경할 수 있습니다.

❹ 오브젝트의 이름을 '장식'으로 변경하고 [위치]의 X, Y, Z좌푯값을 변경해 가며 오브젝트 위치가 변경되는 모습을 확인합니다.

❺ 이어서 [회전]의 X, Y, Z회전값을 각각 '90', '0', '0'으로 입력하여 오브젝트가 X축을 기준으로 회전하는 모습을 확인합니다.

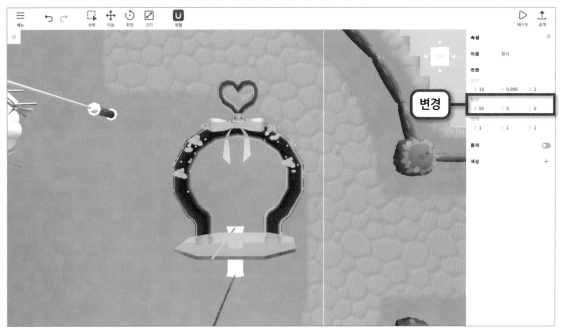

 TIP

오브젝트 회전 시 각 회전값은 '0'~'359'까지 입력할 수 있으며 각 축을 중심으로 시계 방향으로 회전합니다. 회전 각도에 음수를 입력하면 오브젝트가 각 축을 중심으로 반시계 방향으로 회전합니다.

❻ 같은 방법으로 Y, Z회전값을 변경하여 오브젝트가 각 축을 중심으로 회전하는 모습을 확인합니다.

❼ [크기]의 X, Y, Z크기값을 변경해 가며 오브젝트의 크기가 변경되는 모습을 확인합니다.

TIP

- 제페토 빌드잇의 속성 창에서 크기값을 변경하면 '센티미터(cm)', '픽셀(pixel)'과 같은 절대 크기가 아니라 원래 오브젝트의 크기에서 몇 배를 키울 것인지 지정하는 상대 크기로 변경됩니다.
- 오브젝트의 크기를 줄이고 싶다면 '0'보다 크고 '1'보다 작은 수를 입력합니다.

❽ 앞서 배운 내용을 바탕으로 오브젝트의 위치, 방향, 크기를 자유롭게 변경해 봅니다.

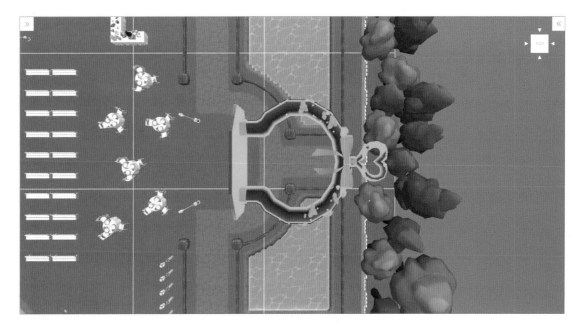

❶ 'Round Table' 오브젝트를 선택한 후 [속성] 창의 [색상]을 클릭하고 원하는 색상을 선택하여 오브젝트의 색상이 변경되는 모습을 확인합니다.

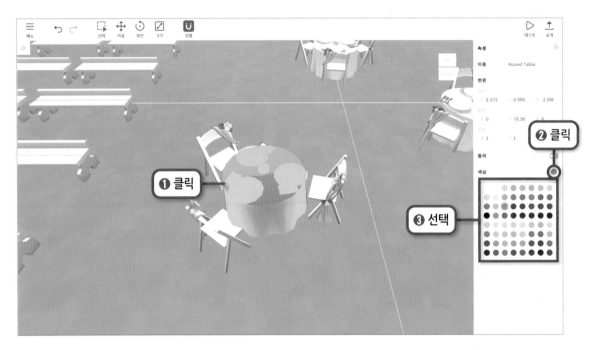

❷ 같은 방법으로 다른 오브젝트의 색상도 다양하게 변경해 봅니다.

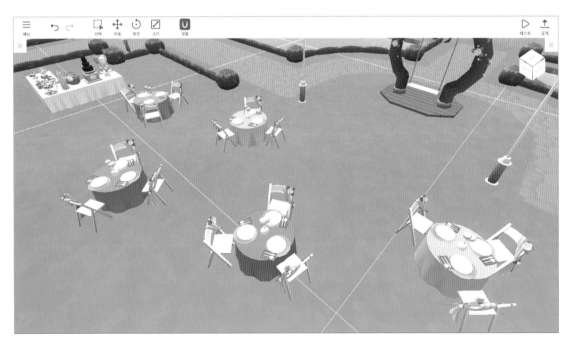

❸ 완성된 월드를 테스트한 후 저장합니다.

① 오브젝트를 추가하고 오브젝트의 속성 값을 변경하여 그림과 같이 테이블을 꾸며 보세요.

hint 'Food' 카테고리에서 다양한 오브젝트를 추가합니다.

② 오브젝트의 색상을 다양하게 변경해 보세요.

신나는 놀이공원 만들기

제페토 빌드잇

학습 목표

- 월드 지형을 꾸밀 수 있습니다.
- 오브젝트를 잠그거나 숨길 수 있습니다.
- 여러 오브젝트를 그룹화할 수 있습니다.
- 오브젝트를 삭제할 수 있습니다.

알아두기

빌드잇 익스플로러

제페토 빌드잇의 익스플로러는 월드에 배치되어 있는 오브젝트 등의 구성 요소를 한 눈에 확인하고 관리할 수 있는 메뉴로, '월드'와 '오브젝트'의 2가지로 구성되어 있습니다. '월드'는 지형과 하늘, 배경 음악 등을 설정할 수 있고 '오브젝트'는 배치된 오브젝트를 확인하고 관리할 수 있습니다.

01 월드 지형 꾸미기

❶ [시작(▦)] 메뉴-[ZEPETO build it]을 클릭하여 제페토 빌드잇을 실행하고 로그인한 후 [+새로 만들기]-[Plain]을 클릭합니다.

❷ [익스플로러] 탭에서 [월드]-[지형]을 클릭한 후 원하는 지형 브러쉬를 이용하여 놀이공원의 지형을 자유롭게 꾸며 봅니다.

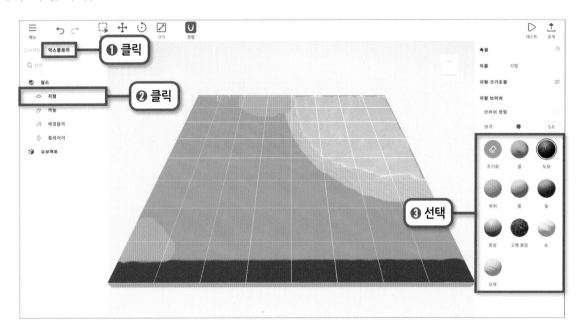

❸ [오브젝트] 탭에서 다양한 오브젝트를 추가한 후 위치, 방향, 크기를 조절하여 놀이공원을 꾸며 봅니다.

TIP

'Buildings', 'Env' 카테고리에서
오브젝트를 추가합니다.

02 오브젝트 잠그고 숨기기

① [익스플로러] 탭-[오브젝트]에서 월드에 배치된 오브젝트 목록을 확인합니다. 이어서 원하는 오브젝트를 클릭하고 오브젝트 이름 오른쪽의 [잠금(🔒)]을 클릭합니다.

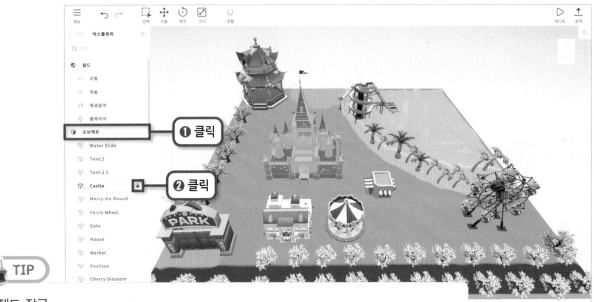

TIP

오브젝트 잠금

오브젝트를 잠그면 오브젝트를 클릭해도 오브젝트가 선택되지 않아 이동, 회전, 삭제, 복제 등의 작업을 할 수 없습니다. 해당 기능은 선택된 오브젝트를 현재 상태로 고정시킬 때 사용합니다.

② 이어서 오브젝트 이름 오른쪽의 [숨기기(👁)]를 클릭하여 오브젝트를 숨깁니다.

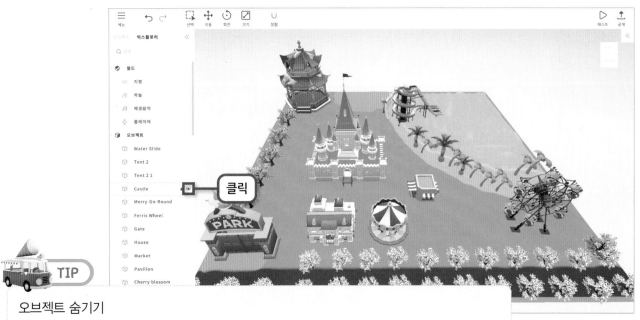

TIP

오브젝트 숨기기

오브젝트 숨기기는 다른 오브젝트와 겹쳐 있을 때 사용하는 기능입니다. 오브젝트를 숨기면 월드에서 보이지 않게 되고 다시 [보이기(👁)]를 클릭하면 오브젝트가 월드에 나타납니다.

03 오브젝트 그룹화하고 삭제하기

① [Ctrl]을 누른 상태로 그룹으로 묶을 오브젝트를 각각 클릭하여 선택하고 마우스 오른쪽 버튼을 클릭한 후 [오브젝트 묶기]를 클릭합니다.

오브젝트 그룹화

• 잠금 설정된 오브젝트는 선택할 수 없으므로, 그룹화시키기 전에 잠금을 해제한 후 작업합니다.

• 월드에서 그룹화할 오브젝트를 선택한 후 [Ctrl]+[G]를 눌러도 그룹화할 수 있습니다.

② 그룹화가 완료되면 오브젝트 목록 하단에 'Group'이 생성됩니다. 'Group'을 클릭한 후 상단 메뉴의 [이동(✛)]을 클릭하고 화살표를 드래그하여 그룹화된 오브젝트가 함께 이동되는 모습을 확인합니다.

그룹화된 오브젝트 중 원하는 오브젝트를 클릭하여 별도로 이동시킬 수도 있습니다.

❸ 오브젝트 목록에서 원하는 오브젝트를 'Group' 목록 안으로 드래그하거나 'Group' 목록 안에 있는 오브젝트를 오브젝트 목록으로 드래그하여 그룹으로 추가하거나 제외할 수 있습니다.

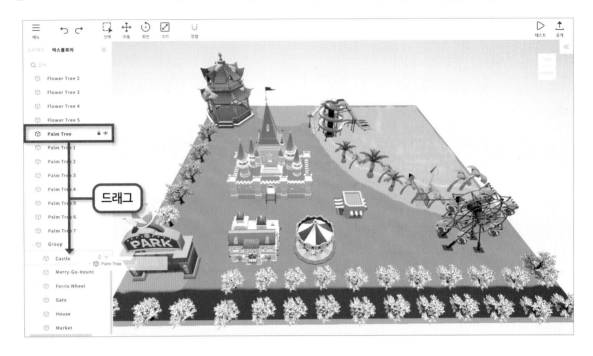

❹ 오브젝트를 삭제하기 위해 원하는 오브젝트를 클릭한 후 마우스 오른쪽 버튼을 클릭하고 [삭제]를 클릭합니다.

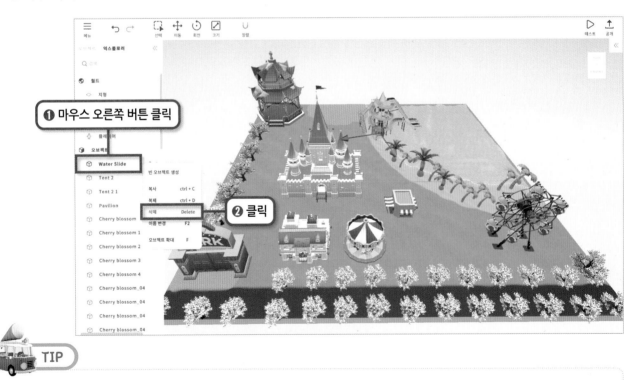

TIP
오브젝트 목록 중 'Group'을 마우스 오른쪽 버튼으로 클릭하고 [삭제]를 클릭하면 그룹으로 묶인 오브젝트가 모두 삭제됩니다.

❺ 완성된 월드를 테스트한 후 저장합니다.

CHAPTER 13

혼자 할 수 있어요!

1 [익스플로러] 탭-[오브젝트]에서 오브젝트의 이름을 자유롭게 변경해 보세요.

2 오브젝트를 여러 개의 그룹으로 묶고 그룹 이름을 각각 지정해 보세요.

제페토 빌드잇

14 사계절 월드 만들기

학습 목표

• 월드의 지형을 사계절로 표현할 수 있습니다.

• 각 계절에 어울리는 오브젝트를 추가할 수 있습니다.

• 오브젝트를 확대하여 정교하게 편집할 수 있습니다.

• 여러 오브젝트를 그룹화하고 크기와 위치를 조절할 수 있습니다.

알아두기

오브젝트의 확대 및 축소

월드를 제작하며 건물 안에 작은 소품 등의 오브젝트를 배치할 때는 정확한 위치나 방향을 지정하는 것이 중요합니다. 이럴 때는 오브젝트를 확대한 후 정확한 위치나 방향, 크기 등을 지정하고 다시 오브젝트를 축소하면 더욱 정확하고 편리하게 오브젝트를 배치할 수 있습니다.

01 사계절 지형 꾸미기

① [시작(⊞)] 메뉴-[ZEPETO build it]을 클릭하여 제페토 빌드잇을 실행하고 로그인한 후 [+새로 만들기]-[Plain]을 클릭합니다.

② [오브젝트] 탭의 검색창에서 'Road Base'를 검색하여 추가한 후 그림과 같이 사계절 월드를 구분할 도로를 만듭니다.

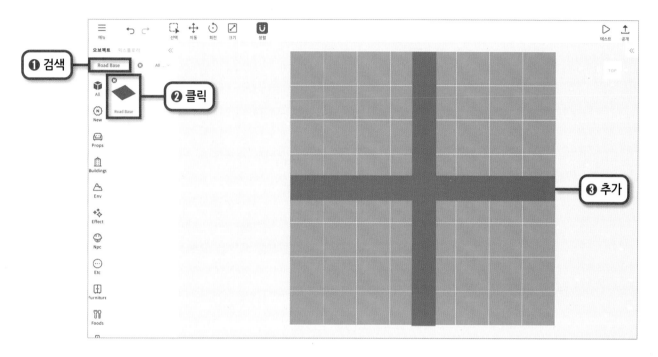

③ [익스플로러] 탭-[월드]-[지형]을 클릭한 후 지형 브러쉬를 이용하여 각 지형을 '봄', '여름', '가을', '겨울'의 느낌이 나도록 꾸며 봅니다.

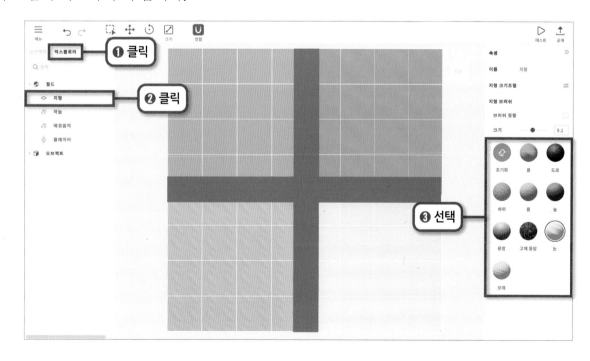

❶ '봄' 지형을 확대한 후 '봄'과 관련된 오브젝트를 자유롭게 추가하고 위치, 방향, 크기를 변경해 꾸며 봅니다.

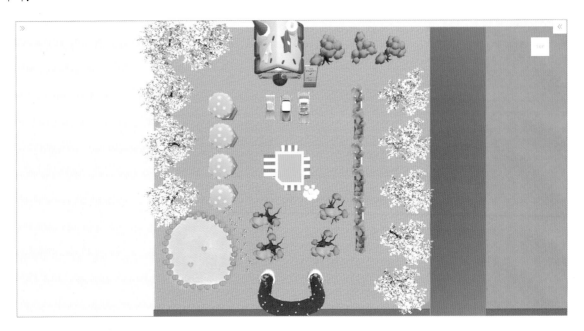

❷ 오브젝트를 확대하여 더욱 정교하게 편집하기 위해 편집할 오브젝트를 선택한 후 F를 누릅니다.

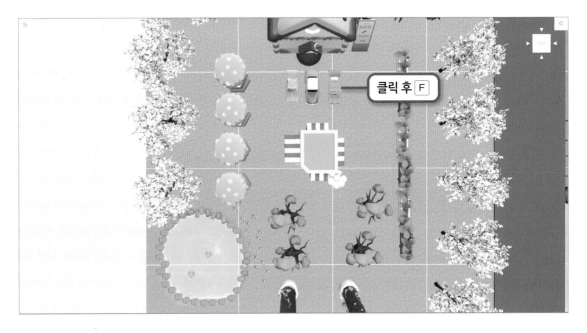

③ 오브젝트가 확대되면 [뷰 큐브]를 이용하여 시점을 변경해 가며 위치, 방향, 크기를 조절해 봅니다.

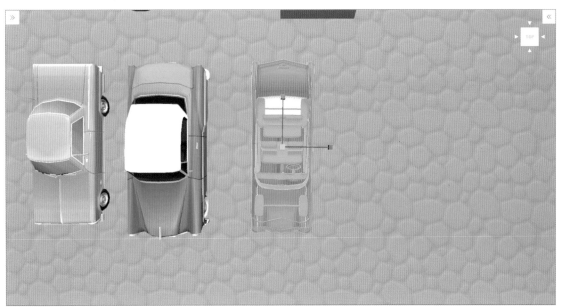

오브젝트가 선택된 상태에서 [뷰 큐브]를 클릭하면 선택된 오브젝트를 기준으로 시점이 변경됩니다.

④ 다른 오브젝트들도 확대하여 위치, 방향, 크기를 조절하고 같은 방법으로 '여름', '가을', '겨울' 지형을 자유롭게 꾸며 봅니다.

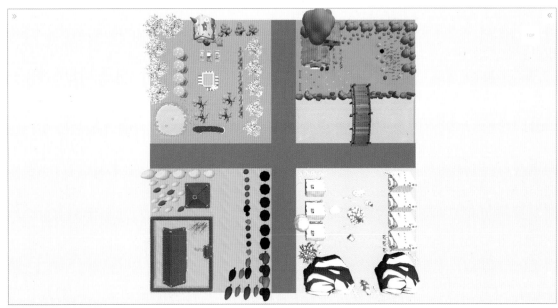

오브젝트의 색상도 다양하게 변경해 봅니다.

03 오브젝트 그룹화하여 편집하기

❶ 'Sugar House' 오브젝트를 선택한 후 [속성] 창에서 크기를 그림과 같이 변경합니다.

- 건물의 크기가 작으면 건물 안쪽으로 들어갔을 때 건물이 좁아 오브젝트를 배치하기 어렵기 때문에 크기를 키웁니다.
- 'Sugar House' 오브젝트 대신 본인이 완성한 사계절 월드 중 건물 오브젝트를 선택해도 됩니다.

❷ W를 누르거나 마우스 휠을 위로 밀어 화면을 확대하여 'Sugar House' 오브젝트 안쪽으로 이동합니다.

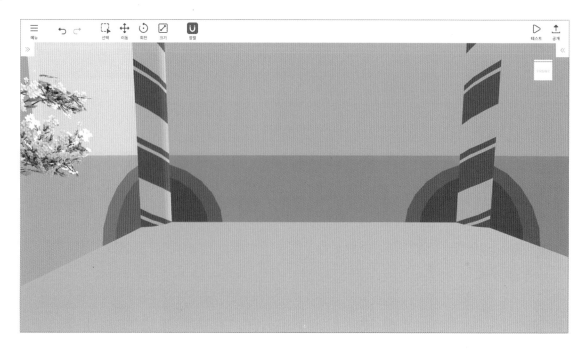

❸ [오브젝트] 탭–[Furniture]–[Table] 오브젝트를 추가한 후 [속성] 창에서 크기를 그림과 같이 변경합니다.

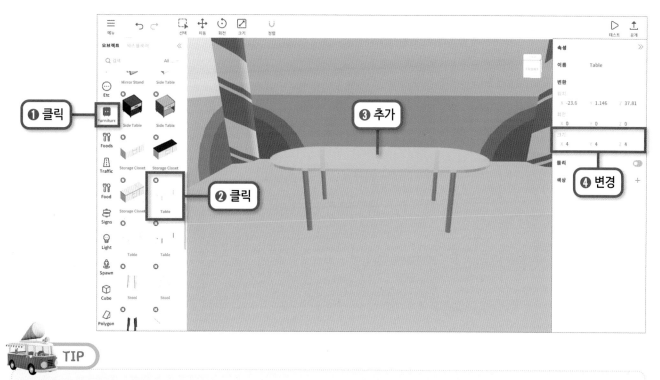

TIP

'Sugar House' 오브젝트의 크기를 '4'배 확대했기 때문에 'Table' 오브젝트의 크기도 '4'배로 확대합니다.

❹ [Food]–[Cake] 오브젝트를 추가한 후 같은 방법으로 크기를 '4'배 확대하고 'Table' 오브젝트 위에 배치합니다.

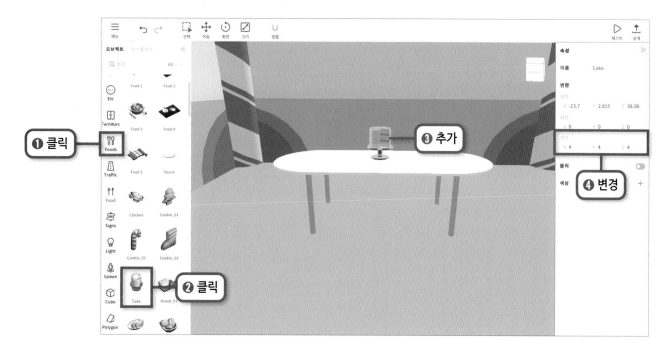

❺ [익스플로러] 탭-[오브젝트] 목록에서 Ctrl 을 누른 상태로 'Sugar House', 'Table', 'Cake' 오브젝트를 각각 선택한 후 마우스 오른쪽 버튼을 클릭하고 [오브젝트 묶기]를 클릭합니다.

❻ 그룹이 생성되면 오브젝트 목록에서 'Group'을 선택한 후 [속성] 창에서 위치와 크기를 알맞게 조절합니다.

TIP

• 'Group'이 선택된 상태에서는 상단 메뉴의 도구를 이용하여 위치, 방향, 크기를 변경할 수 없습니다.
• 확대했던 오브젝트의 크기를 줄이기 위해 크기값은 '0'보다 크고 '1'보다 작은 수로 입력합니다.

❼ 화면을 확대하여 'Sugar House' 오브젝트 안으로 이동하여 다른 오브젝트들의 위치와 크기도 함께 변경되었는지 확인합니다.

❽ 완성된 월드를 테스트한 후 저장합니다.

CHAPTER 14 혼자 할 수 있어요!

1 'Hunter House' 오브젝트 안으로 이동하여 오브젝트를 자유롭게 배치해 보세요.

> **hint** 'Hunter House' 오브젝트를 추가하거나 기존에 추가했던 건물 오브젝트를 활용합니다.

2 'Hunter House' 오브젝트와 추가한 오브젝트들을 그룹화한 후 위치와 크기를 변경해 보세요.

15 돌고래가 헤엄치는 바다 만들기

학습 목표

- 오브젝트를 연결하여 경사로를 만들 수 있습니다.
- 캐릭터나 다른 오브젝트가 물속에서 헤엄치는 환경을 만들 수 있습니다.
- 오브젝트의 크기와 위치를 변경하여 바위산과 동굴을 만들 수 있습니다.

알아두기

Water Wave 오브젝트

'물' 지형 브러쉬를 이용하여 만든 지형에 'Water Wave' 오브젝트를 사용하면 캐릭터나 물고기가 물속에서 수영하고 헤엄치도록 만들 수 있습니다. 'Water Wave' 오브젝트의 Y크기값은 '1'이 적당하며 그이상이 될 경우 캐릭터는 물속에 잠기게 됩니다.

01

경사로 만들기

❶ [시작(⊞)] 메뉴–[ZEPETO build it]을 클릭하여 제페토 빌드잇을 실행하고 로그인한 후 [+새로 만들기]–[Plain]을 클릭합니다.

❷ [익스플로러] 탭–[월드]–[지형]을 클릭한 후 '물' 지형 브러쉬를 이용하여 지형을 꾸밉니다.

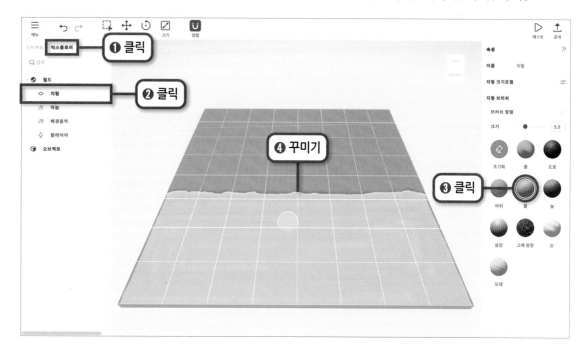

❸ 땅이 될 부분을 만들기 위해 [오브젝트] 탭에서 'Grass 2' 오브젝트를 추가한 후 [속성] 창에서 위치와 크기를 그림과 같이 지정합니다.

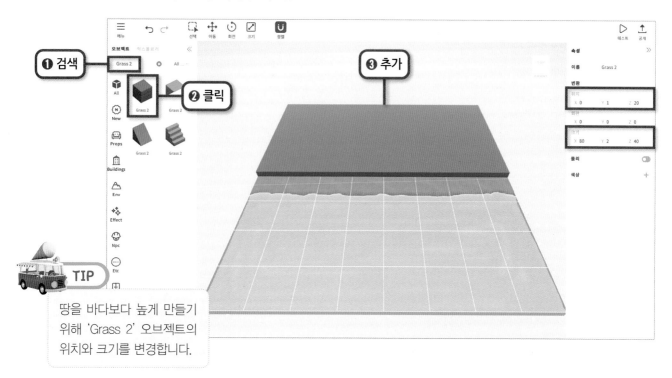

TIP
땅을 바다보다 높게 만들기 위해 'Grass 2' 오브젝트의 위치와 크기를 변경합니다.

❹ 땅과 바다를 이어주기 위한 경사로를 만들기 위해 [Round]-[Grass]를 추가하고 추가한 오브젝트를 선택한 후 [속성] 창에서 위치와 크기를 그림과 같이 지정합니다.

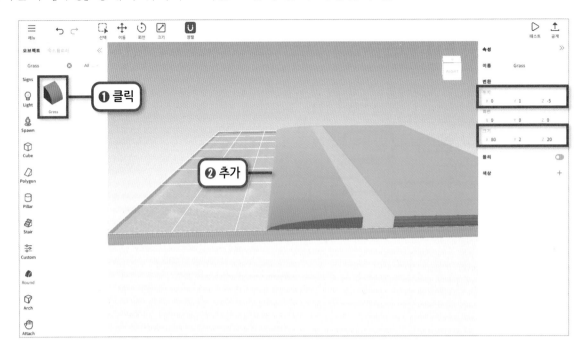

❺ 모래를 추가하기 위해 [Polygon]-[Sand]를 추가하고 추가한 오브젝트를 선택한 후 [속성] 창에서 위치와 크기를 그림과 같이 지정합니다.

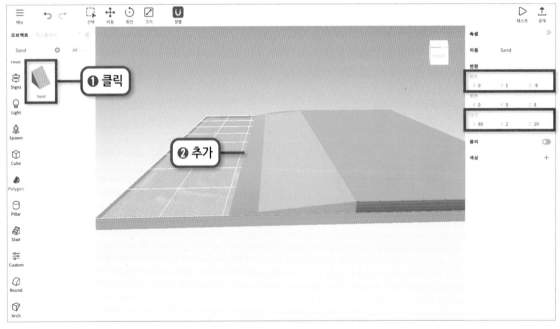

TIP

경사로 만들기

캐릭터가 수영을 하는 동안에는 점프를 할 수 없습니다. 따라서 'Polygon', 'Round', 'Stair' 카터고리의 오브젝트를 이용하여 경사나 계단을 만들어야 합니다.

02

캐릭터가 수영할 수 있는 환경 만들기

❶ 캐릭터가 수영할 수 있는 환경을 만들기 위해 [Etc]-[Water Wave]를 추가하고 추가한 오브젝트를
선택한 후 [속성] 창에서 위치와 크기를 그림과 같이 지정합니다.

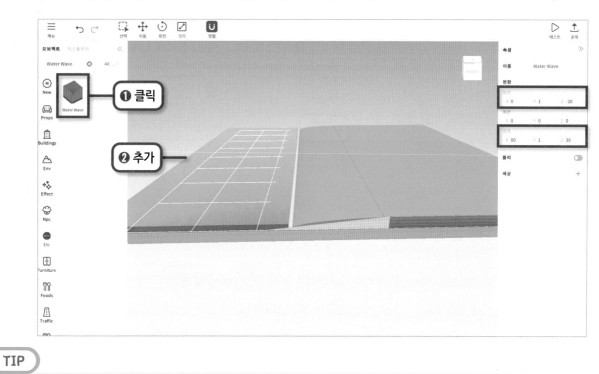

TIP

'Water Wave' 오브젝트의 높이(Y크기값)가 '1'보다 크면 캐릭터는 물속에 잠겨 수영합니다.

❷ [Etc]-[Dolphin]을 추가한 후 바다 속에 잠겨 있는 모습을 표현하도록 위치를 조절합니다.

바위산과 동굴 만들기

① [오브젝트] 탭 검색창에 'Rock 1'을 검색하여 'Rock 1' 오브젝트를 추가합니다.

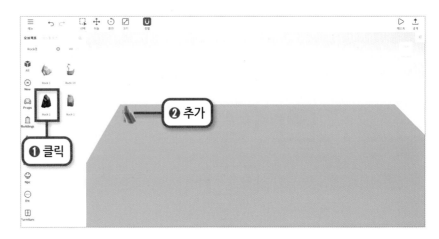

② 이어서 상단 메뉴의 [크기(⬈)]를 클릭하여 오브젝트의 크기와 높이를 조절해 바위산을 만들어 봅니다.

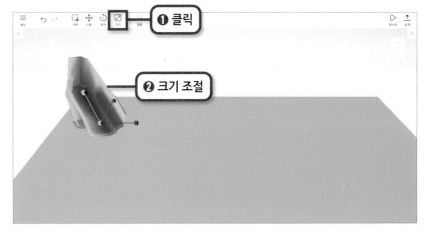

③ 같은 방법으로 다양한 'Rock' 오브젝트를 추가하고 크기와 위치를 조절하여 동굴을 만들어 봅니다.

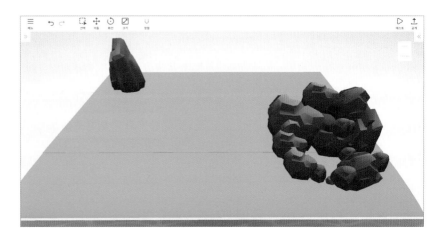

④ 완성된 월드를 테스트한 후 저장합니다.

① [오브젝트] 탭-[Etc]에서 여러 가지 오브젝트를 추가하여 바다를 꾸며 보세요.

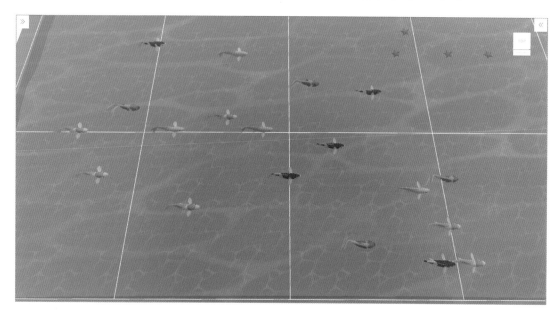

② 'Rock' 오브젝트를 이용하여 바다에 바위섬을 만들어 보세요.

16 비트가 넘치는 콘서트장 만들기

제페토 빌드잇

학습 목표

- 월드의 테마를 선택할 수 있습니다.
- 조명과 효과를 추가하고 속성을 변경할 수 있습니다.
- 월드에 배경음악을 추가할 수 있습니다.

알아두기

테마

'테마'란 주제나 제목 등을 의미하는 것으로, 제페토 빌드잇에서는 'Halloween', 'Driving', 'Space' 등의 여러 가지 테마를 제공하며 각 테마를 선택하면 '오브젝트' 탭에 선택한 테마와 관련된 오브젝트 목록만 표시됩니다. 하나의 오브젝트는 다양한 테마에 중복으로 포함될 수 있습니다.

01 테마 선택하여 콘서트장 만들기

❶ [시작(⊞)] 메뉴–[ZEPETO build it]을 클릭하여 제페토 빌드잇을 실행하고 로그인한 후 [+새로 만들기]–[Plain]을 클릭합니다.

❷ [오브젝트] 탭 검색창 옆의 [All Theme]을 클릭하여 테마 목록이 나타나면 'Desert Festival'을 선택합니다.

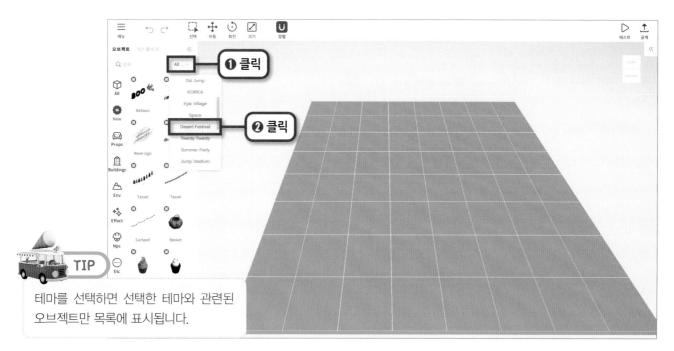

TIP 테마를 선택하면 선택한 테마와 관련된 오브젝트만 목록에 표시됩니다.

❸ 'Desert Festival'과 관련된 오브젝트들이 목록에 나타나면 'Stage' 오브젝트를 추가한 후 그림과 같이 크기와 위치를 조절합니다.

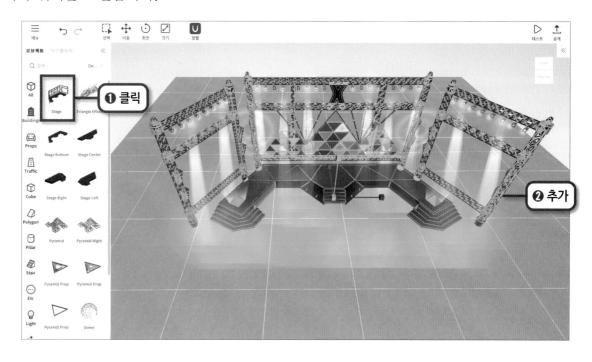

④ 돔 형태의 콘서트장을 만들기 위해 'Dome' 오브젝트를 추가합니다.

⑤ 추가된 'Dome' 오브젝트를 선택한 후 무대를 감싸도록 그림과 같이 크기와 위치를 조절합니다.

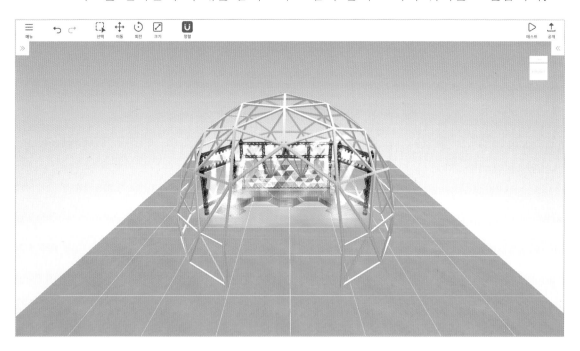

02 무대 조명 배치하기

❶ 테마를 'All Theme'으로 선택합니다.

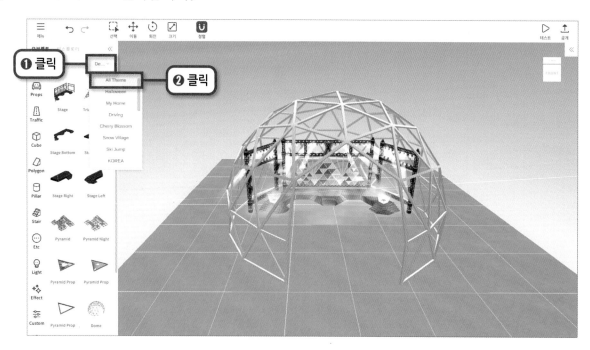

❷ [Light]-[Fire]를 추가한 후 그림과 같이 크기와 위치를 조절합니다.

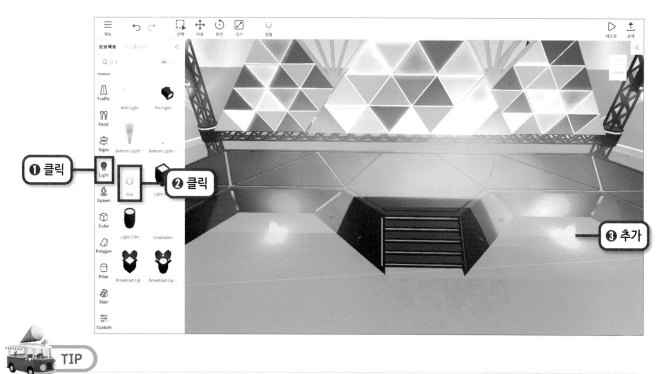

TIP

테마가 'Desert Festival'로 선택되어 있을 때 'Light' 카테고리를 선택하면 3개의 오브젝트만 나타납니다.

❶ [Effect]-[Speaker Wave]를 추가한 후 크기와 위치를 조절하고 [속성] 창의 [회전]에서 X값을 '270'으로 지정합니다.

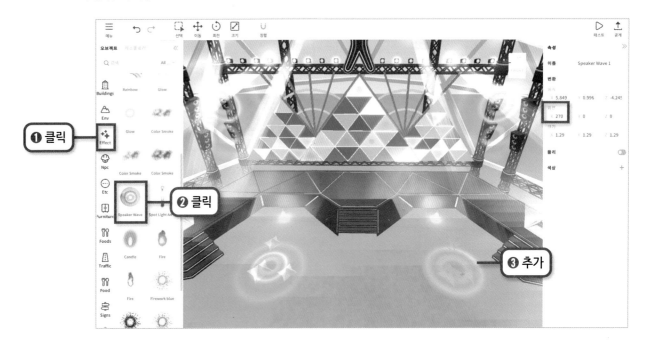

❷ 이어서 [Effect]-[Firework Blue]를 추가한 후 그림과 같이 크기와 위치를 조절합니다.

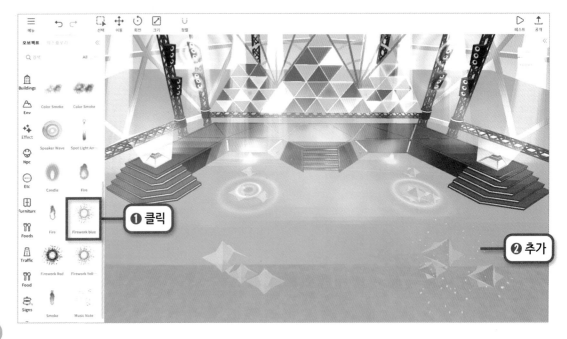

TIP

불꽃놀이 효과
'Firework Blue' 오브젝트는 불꽃놀이 효과를 지정하는 오브젝트입니다. [속성] 창의 [크기]에서 X, Y값을 변경하여 불꽃이 퍼지는 범위를 지정할 수 있고, Z값을 변경하여 불꽃이 터지는 높이를 지정할 수 있습니다.

04 홀로그램 캐릭터 추가하기

① [Etc]−[The Man Hologram]을 추가한 후 크기와 위치를 조절하고 [속성] 창의 [회전]에서 Y값을 '180'으로 지정합니다.

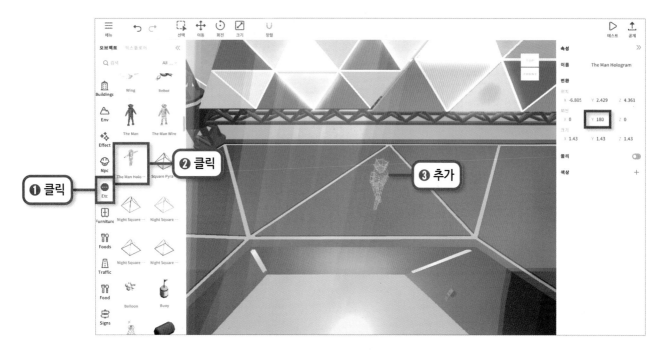

② 이어서 [Etc]−[The Man]을 추가한 후 그림과 같이 크기와 위치를 조절합니다.

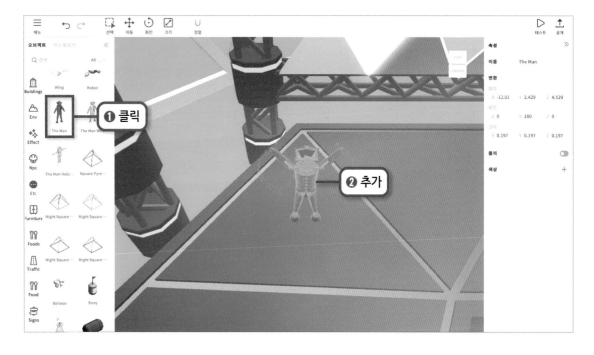

③ 'The Man Hologram', 'The Man' 오브젝트를 추가하고 같은 방법으로 크기와 위치를 조절합니다.

05 배경음악 추가하기

❶ [익스플로러] 탭-[월드]-[배경음악]을 클릭한 후 [속성] 창에서 [음악]의 목록 버튼(∨)을 클릭하여 'Battle Planet'을 선택합니다.

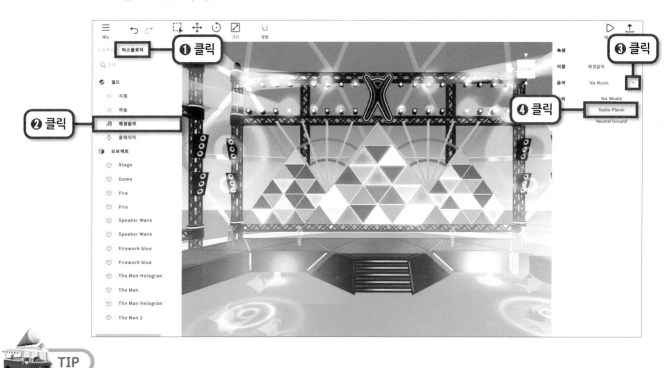

TIP

배경음악 추가와 재생

제페토 빌드잇에서 배경음악은 2개의 음악 중 하나를 선택해 적용할 수 있습니다. 월드에 입장하면 월드를 종료하기 전까지 적용한 배경음악이 반복해서 재생되며, 월드를 제작하는 동안에도 배경음악이 반복 재생됩니다. [소리]를 비활성화하면 배경음악의 재생을 중지할 수 있습니다.

❷ 완성된 월드를 테스트한 후 저장합니다.

CHAPTER 16

혼자 할 수 있어요!

1 [Light] 카테고리에서 다양한 조명을 추가해 보세요.

2 [Effect] 카테고리에서 다양한 효과를 추가해 보세요.

17 특별함 가득한 공원 만들기

- Effect 카테고리의 오브젝트를 추가하여 다양한 효과를 표현할 수 있습니다.
- Text 카테고리의 오브젝트를 추가하여 원하는 단어를 만들 수 있습니다.
- Spawn 카테고리의 오브젝트를 추가하여 캐릭터를 소환할 수 있습니다.

알아두기

Effect와 Spawn 카테고리

Effect 카테고리에는 월드에 다양한 효과를 적용할 수 있는 오브젝트들이 모여 있어, '분수'가 뿜어져 나오거나 '폭죽'이 터지게 하는 등 월드를 더욱 생동감 있게 제작할 수 있습니다. 또한 'Spawn' 카테고리에서는 캐릭터가 해당 오브젝트 위치로 소환되도록 하는 오브젝트를 사용할 수 있습니다.

01 분수 만들기

❶ [시작(⊞)] 메뉴-[ZEPETO build it]을 클릭하여 제페토 빌드잇을 실행하고 로그인한 후 [+새로 만들기]-[Wedding]을 클릭합니다.

❷ [오브젝트] 탭-[Effect]-[Fountain Water]를 추가한 후 [속성] 창에서 위치를 그림과 같이 지정합니다.

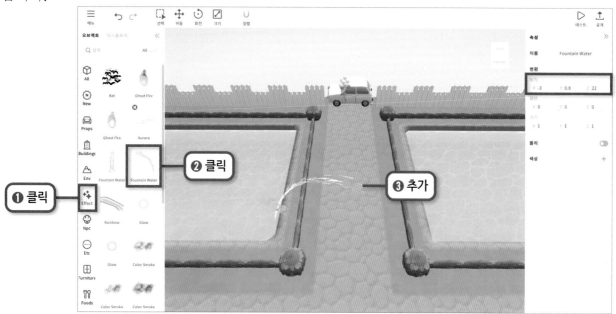

❸ 이어서 [크기]의 X값을 '2'로 변경하여 분수가 더욱 멀리 뿜어져 나가도록 합니다.

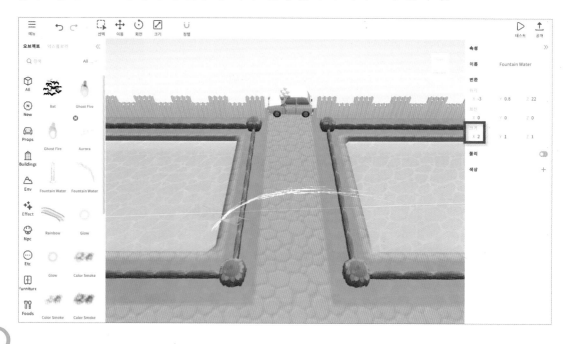

TIP

'Effect' 카테고리의 오브젝트들은 일정 시간마다 지정된 효과를 반복합니다.

❹ 'Fountain Water' 오브젝트를 선택하고 Ctrl + D 를 눌러 복제한 후 [속성] 창에서 위치, 방향, 크기를 그림과 같이 지정합니다.

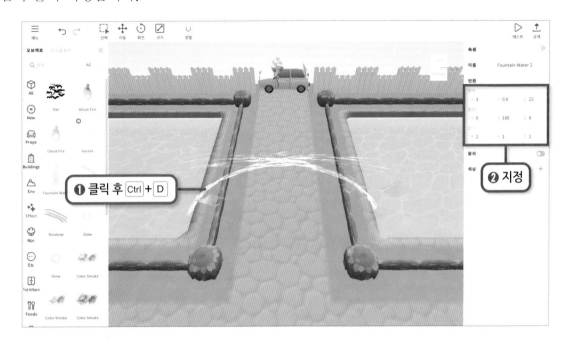

❺ Ctrl 을 누른 상태로 'Fountain Water' 오브젝트를 각각 선택한 후 상단 메뉴의 [이동(✛)]을 클릭합니다. 이어서 Ctrl + D 를 눌러 오브젝트를 복제한 후 화살표를 드래그하여 오브젝트의 위치를 그림과 같이 조절합니다.

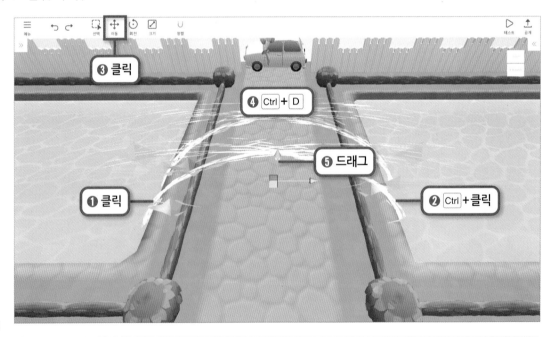

TIP

[이동(✛)]을 클릭한 후 오브젝트를 복제하면 기존 오브젝트 위치에 오브젝트가 복제됩니다. 만약 [이동(✛)]을 클릭하지 않고 오브젝트를 복제하면 오브젝트가 월드 위쪽에 복제되어 위치를 조절하기 어렵습니다.

❻ 같은 방법으로 'Fountain Water' 오브젝트를 복제하여 분수길을 만들어 봅니다.

02 폭죽 오브젝트 추가하기

❶ [오브젝트] 탭-[Effect]-[Firework Blue]를 추가한 후 [속성] 창에서 위치와 크기를 그림과 같이
지정합니다.

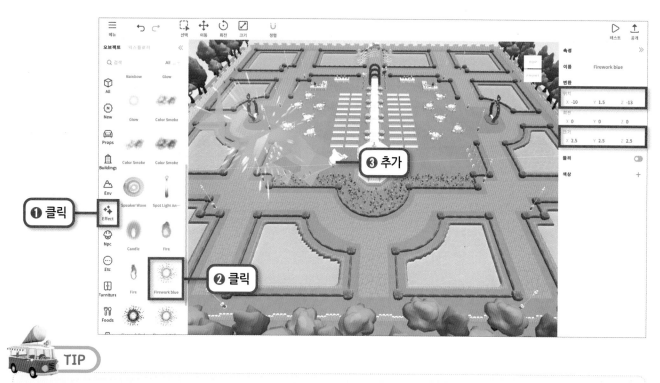

TIP

'Firework Blue' 오브젝트의 위치와 크기를 조절하여 공원 하늘에서 폭죽이 터지는 모습을 표현합니다.

❷ 이어서 [Effect]-[Firework Red]를 추가한 후 [속성] 창에서 위치와 크기를 그림과 같이 지정합
니다.

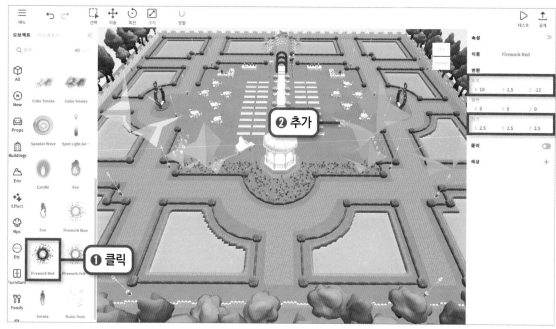

03 텍스트 오브젝트 추가하기

① [오브젝트] 탭-[Text] 카테고리에서 알파벳을 순서대로 선택하여 'WELCOME'을 입력합니다.

② 이어서 Ctrl을 누른 상태로 방향이 뒤집어진 알파벳을 각각 클릭한 후 [속성] 창에서 [회전]의 Y값을 '180'으로 변경합니다.

❸ [익스플로러] 탭의 오브젝트 목록에서 Ctrl을 누른 상태로 알파벳 오브젝트를 모두 선택한 후 마우스 오른쪽 버튼을 클릭하여 [오브젝트 묶기]를 클릭합니다.

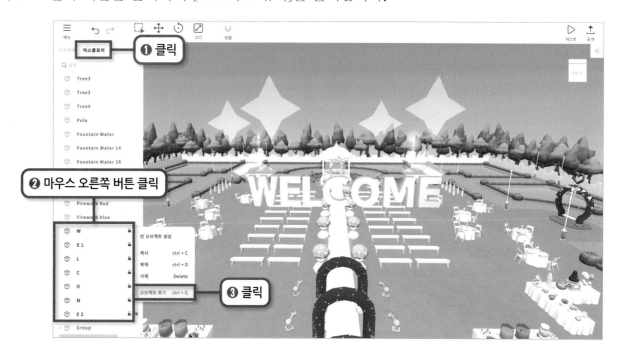

❹ 생성된 'Group'을 클릭한 후 [속성] 창에서 위치와 크기를 자유롭게 변경합니다.

> **TIP**
> - 알파벳 오브젝트를 그룹화하면 상단 메뉴의 도구는 사용할 수 없으며, [속성] 창에서 위치, 방향, 크기를 변경해야 합니다.
> - 알파벳 오브젝트를 그룹화하지 않고 Ctrl를 누른 상태로 각 오브젝트를 선택한 후 상단 메뉴의 도구를 이용해 위치, 방향, 크기를 변경해도 됩니다.

04 스폰 오브젝트 추가하기

❶ [오브젝트] 탭-[Spawn]-[Wave Spawn]을 추가합니다.

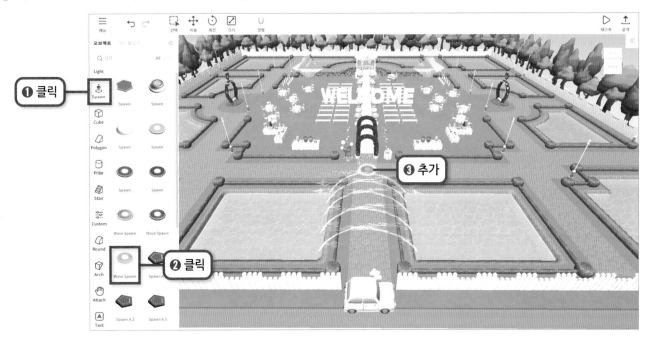

❷ 추가된 오브젝트를 선택한 후 [속성] 창에서 위치를 그림과 같이 지정합니다.

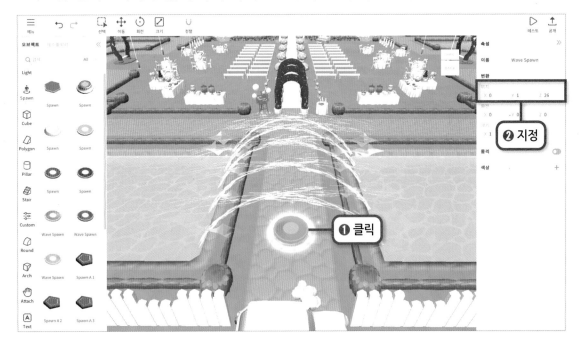

❸ 완성된 월드를 테스트한 후 저장합니다.

CHAPTER **17** 혼자 할 수 있어요!

1 [Effect] 카테고리에서 다양한 오브젝트를 추가하여 월드를 꾸며 보세요.

2 [익스플로러] 탭에서 하늘 색상을 변경하고 배경음악을 삽입해 보세요.

18 상호작용 도시 만들기

학습
목표

• 벤치 상호작용 오브젝트를 추가할 수 있습니다.

• 자동차 상호작용 오브젝트를 추가할 수 있습니다.

• 우산 상호작용 오브젝트를 추가할 수 있습니다.

• 테스트를 이용하여 상호작용 오브젝트를 활용할 수 있습니다.

알아두기

제페토 월드에서 캐릭터가 앉을 수 있는 벤치, 운전할 수 있는 자동차, 손에 들 수 있는 우산, 풍선 등을 상호작용 오브젝트라고 합니다. 제페토 빌드잇에서도 이러한 상호작용 오브젝트를 이용하여 월드를 제작할 수 있는데, 상호작용 오브젝트에는 상호작용 버튼(⚙)이 표시되어 있어 일반 오브젝트와 구별이 가능합니다.

❶ [시작(▦)] 메뉴−[ZEPETO build it]을 클릭하여 제페토 빌드잇을 실행하고 로그인한 후 [+새로
만들기]−[City]를 클릭합니다.

❷ [오브젝트] 탭 검색창에서 'Bench'를 검색한 후 '상호작용 버튼(⚙)'이 표시되어 있는 'Bench' 오브
젝트를 클릭하여 추가합니다.

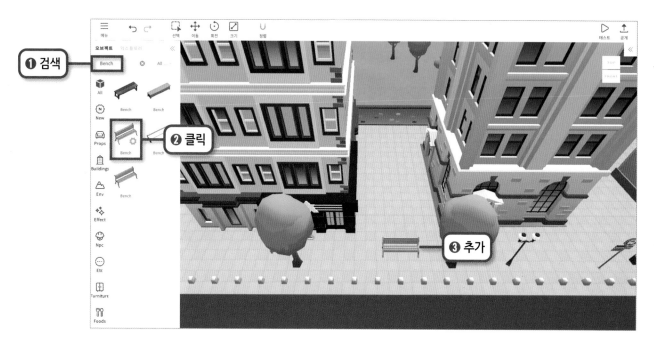

❸ 상단 메뉴의 도구를 이용하여 오브젝트의 크기와 위치를 조절합니다.

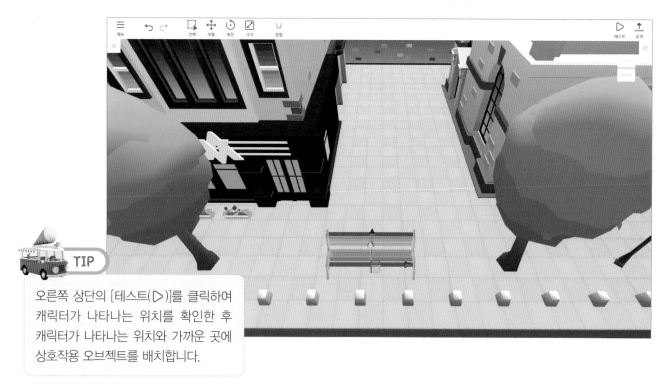

TIP

오른쪽 상단의 [테스트(▷)]를 클릭하여
캐릭터가 나타나는 위치를 확인한 후
캐릭터가 나타나는 위치와 가까운 곳에
상호작용 오브젝트를 배치합니다.

자동차 오브젝트 추가하기

① [오브젝트] 탭 검색창에서 'Vehicle Kiosk'를 검색한 후 오브젝트를 추가합니다.

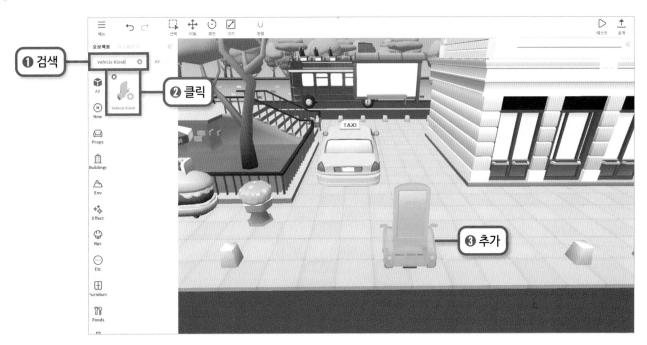

② 상단 메뉴의 도구를 이용하여 크기와 위치를 조절합니다.

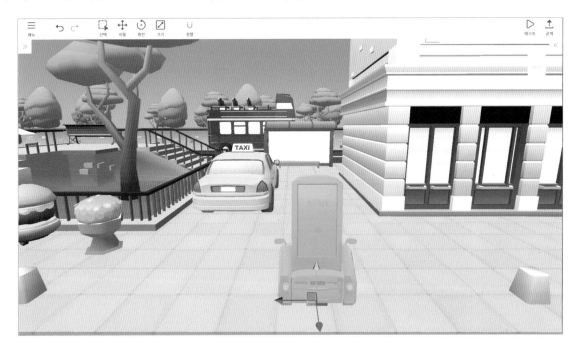

03 우산 오브젝트 추가하기

① [오브젝트] 탭-[Attach]-[UmbrellaStand 1]을 추가합니다.

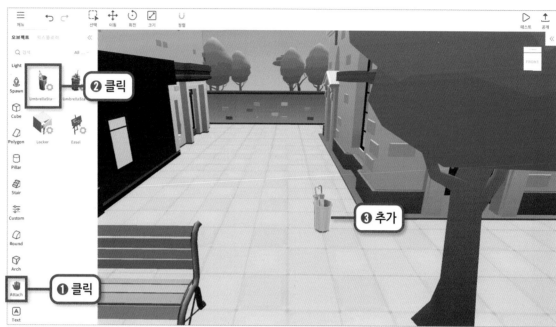

TIP

'Attach' 카테고리에 포함되어 있는 오브젝트들은 모두 상호작용이 가능한 오브젝트입니다.

② 상단 메뉴의 도구를 이용하여 크기와 위치를 조절합니다.

TIP

제페토 월드에서는 제페토 빌드잇에서 제공하는 상호작용 오브젝트보다 더욱
다양한 상호작용 오브젝트를 확인할 수 있습니다. 이러한 상호작용 오브젝트는
제페토 빌드잇이 아닌 별도의 프로그래밍을 통해 제작할 수 있습니다.

상호작용 오브젝트 활용하기

① 화면 오른쪽 상단의 [테스트(▷)]를 클릭하여 제작한 월드를 실행합니다.

② 테스트가 시작되면 'Bench' 오브젝트의 위치로 이동합니다. 'Bench' 오브젝트에 가까이 다가가 상호작용 버튼이 나타나면 [Ctrl]을 누른 상태로 상호작용 버튼을 클릭하여 벤치에 앉아 봅니다.

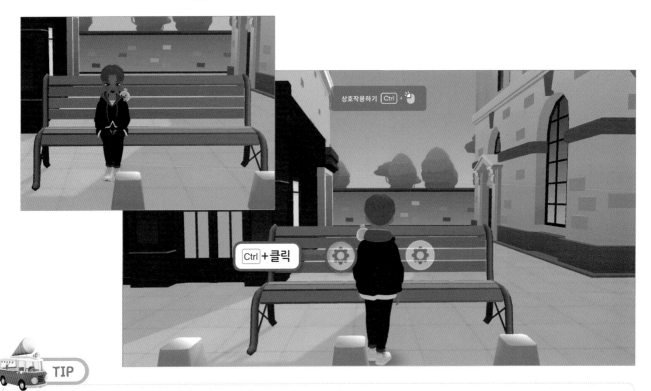

TIP

• 테스트 시에는 [Ctrl]을 누른 상태로 상호작용 버튼을 클릭합니다.
• 'Bench' 오브젝트는 캐릭터 2명이 앉을 수 있는 상호작용 오브젝트이기 때문에 2개의 상호작용 버튼이 표시됩니다.

❸ 벤치에서 일어나 'Vehicle Kiosk' 오브젝트 위치로 이동합니다. 'Vehicle Kiosk' 오브젝트에 가까이 다가가 상호작용 버튼이 나타나면 Ctrl 을 누른 상태로 상호작용 버튼을 클릭하여 자동차에 탑승해 봅니다.

 **TIP**

키보드의 방향키나 Space Bar 를 누르면 벤치에서 일어날 수 있습니다.

❹ W , A , S , D 를 이용하여 자동차를 운전해 보고 G 를 눌러 상호작용을 중지합니다.

TIP

제작한 월드의 심사를 거쳐 월드가 공개되면 자동차의 색상을 선택할 수 있는 화면이 표시됩니다.

❺ 'UmbrellaStand 1' 오브젝트 위치로 이동합니다. 'UmbrellaStand 1' 오브젝트에 가까이 다가가 상호작용 버튼이 나타나면 상호작용 버튼을 클릭하여 우산을 써봅니다.

❻ 상호작용 버튼을 계속해서 클릭하여 우산의 모양이 변경되는 것을 확인한 후 G를 눌러 상호작용을 중지합니다.

❼ Esc를 눌러 테스트를 종료한 후 월드를 저장합니다.

CHAPTER **18** 혼자 할 수 있어요!

1 [Attach] 카테고리에서 다양한 상호작용 오브젝트를 추가해 보세요.

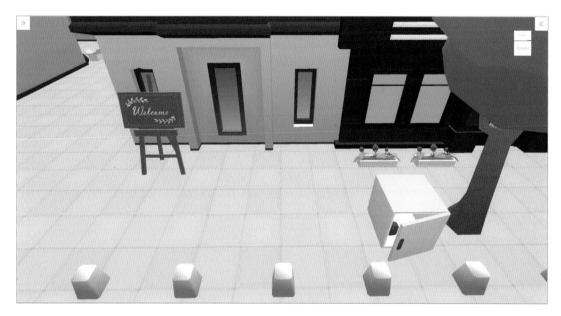

2 [테스트(▷)]를 클릭하여 추가한 상호작용 오브젝트를 활용해 보세요.

CHAPTER

19 물리 이용하여 풍선 날리기

제페토 빌드잇

학습
목표

• 여러 종류의 풍선 오브젝트를 추가할 수 있습니다.
• 물리 속성을 이용하여 중력을 활성화하고 질량을 적용할 수 있습니다.
• 물리 속성을 이용하여 중력을 비활성화할 수 있습니다.

알아두기

중력과 질량

중력은 질량을 가진 두 물체 사이에 작용하는 힘을 말합니다. 제페토 빌드잇에서 오브젝트의 중력을
활성화하면 오브젝트가 월드의 바닥을 향해 아래로 떨어지고, 중력을 비활성화하면 우주와 같이 무중력
상태가 됩니다. 또한 질량은 물체가 가지고 있는 고유한 양을 말하며, 무게라고 할 수 있습니다.

01 풍선 오브젝트 추가하기

❶ [시작(⊞)] 메뉴-[ZEPETO build it]을 클릭하여 제페토 빌드잇을 실행하고 로그인한 후 [+새로 만들기]-[Plain]을 클릭합니다.

❷ [오브젝트] 탭 검색창에서 'Balloon'을 검색한 후 원하는 'Balloon' 오브젝트를 추가하고 그림과 같이 크기와 위치를 조절합니다.

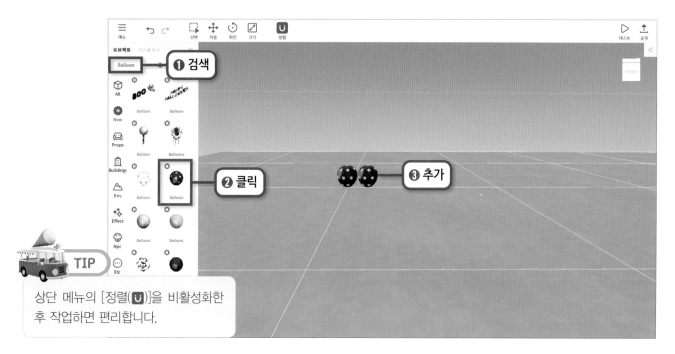

상단 메뉴의 [정렬(U)]을 비활성화한
후 작업하면 편리합니다.

❸ Ctrl 을 누른 상태로 오브젝트를 각각 선택한 후 상단 메뉴의 [이동(✛)]을 클릭합니다. 이어서 Ctrl + D 를 눌러 오브젝트를 복제한 후 그림과 같이 이동시킵니다.

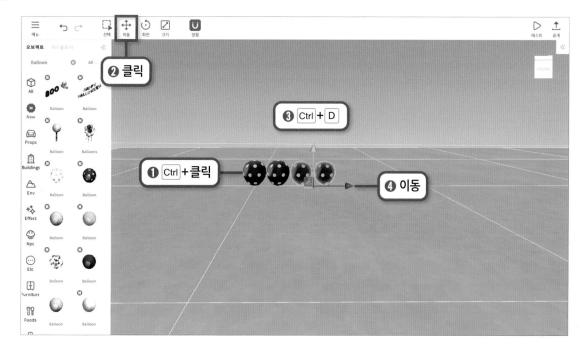

❹ 같은 방법으로 여러 종류의 'Balloon' 오브젝트를 그림과 같이 쌓아 봅니다.

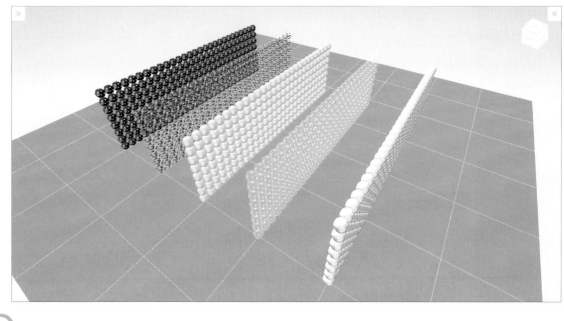

TIP

'Balloon' 오브젝트를 복제하여 한 줄을 완성한 후 [뷰 큐브]를 'LEFT'로 지정하고 오브젝트 전체를 선택하여 Ctrl + D 를 눌러 오브젝트를 쌓아 봅니다.

❺ 이어서 [Spawn] 카테고리에서 원하는 오브젝트를 추가합니다.

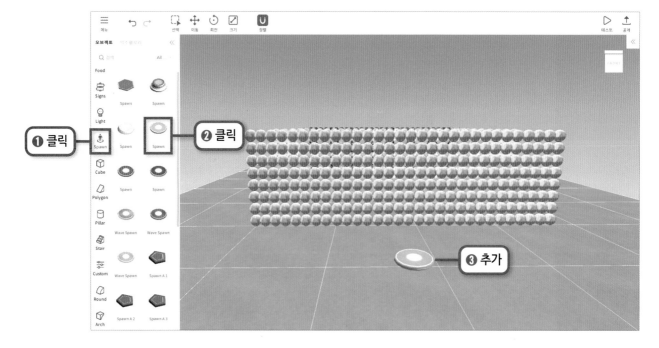

① Ctrl을 누른 상태로 맨 윗줄의 풍선을 각각 클릭하여 선택한 후 [속성] 창에서 [물리]를 활성화하고 질량을 변경합니다.

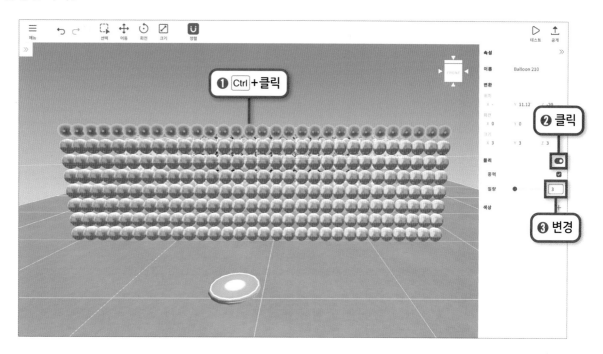

② 이어서 다음 종류의 풍선에서 맨 윗줄의 풍선을 모두 선택한 후 [속성] 창에서 [물리]를 활성화하고 질량을 변경합니다. 같은 방법으로 모든 종류의 맨 윗줄 풍선에 [물리]를 활성화하고 질량을 다양하게 변경합니다.

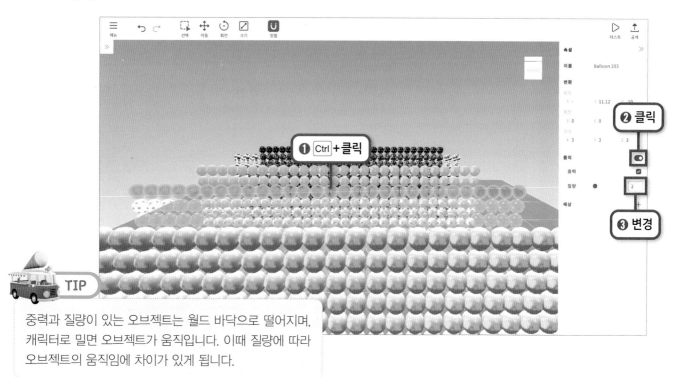

TIP

중력과 질량이 있는 오브젝트는 월드 바닥으로 떨어지며, 캐릭터로 밀면 오브젝트가 움직입니다. 이때 질량에 따라 오브젝트의 움직임에 차이가 있게 됩니다.

❸ [뷰 큐브]에서 'LEFT'를 클릭한 후 맨 윗줄 풍선을 제외한 나머지 풍선을 드래그하여 선택한 후 [속성] 창에서 [물리]를 활성화하고 중력을 체크 해제합니다.

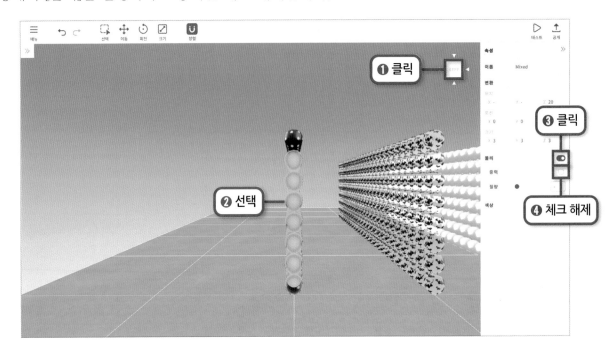

❹ 다른 종류의 풍선들도 맨 윗줄 풍선을 제외한 나머지 풍선을 선택한 후 [속성] 창에서 [물리]를 활성화하고 중력을 체크 해제합니다.

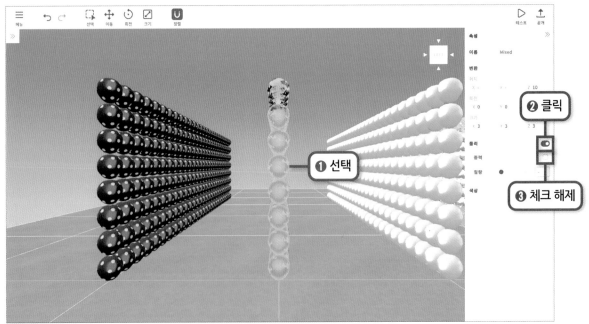

TIP

맨 윗줄 풍선에는 중력을 활성화하고, 나머지 풍선에는 중력을 비활성화하는 이유는 중력과 질량이 있는 풍선들이 아래로 떨어지며 중력이 없는 풍선들을 건드려 날아가도록 하기 위함입니다.

⑤ Ctrl 을 누른 상태로 임의의 풍선을 여러 개 선택합니다.

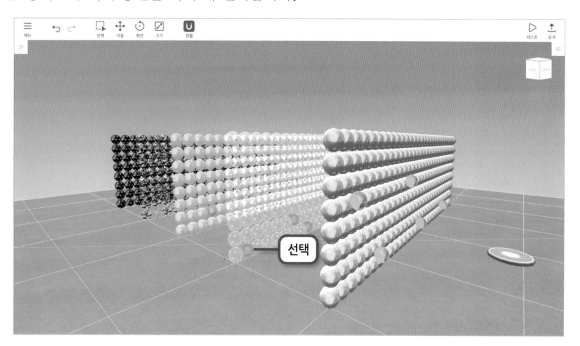

⑥ [속성] 창에서 [물리]를 비활성화합니다.

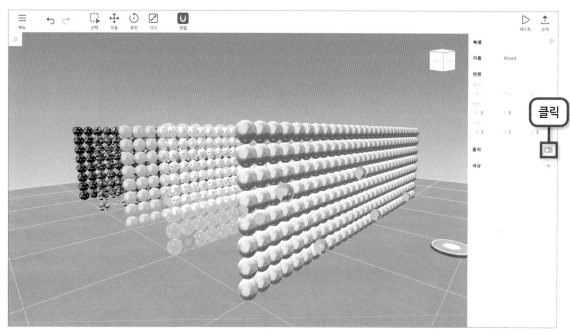

TIP

물리 기능을 활성화하지 않으면 오브젝트는 추가한 위치에서 이동하지 않습니다.

03 풍선 날리기

① 화면 오른쪽 상단의 [테스트(▷)]를 클릭하여 월드를 실행합니다.

② 캐릭터가 'Spawn' 오브젝트 위에 나타나면 중력이 있는 풍선은 아래로 떨어지고 중력이 없는 풍선은 하늘 위로 날아가는 모습을 확인합니다.

③ 앞으로 이동하며 중력과 질량이 적용된 풍선이 캐릭터에 닿으면 움직이는지 확인합니다. 또한 [물리]를 비활성화한 풍선과는 어떤 차이가 있는지 확인합니다.

④ [Esc]를 눌러 테스트를 종료한 후 월드를 저장합니다.

1 'Cube' 오브젝트를 이용하여 캐릭터가 밟으면 월드 바닥으로 떨어지는 다리를 만들어 보세요.

hint 'Cube' 오브젝트의 '물리' 기능을 활성화하고 '중력'을 비활성화한 후 '질량'을 변경해 봅니다.

2 'Soccer Ball' 오브젝트를 이용하여 캐릭터가 축구를 할 수 있도록 만들어 보세요.

hint 'Soccer Ball' 오브젝트의 '물리' 기능을 활성화하고 '질량'을 변화시켜 봅니다.

20 장애물 점프 게임 만들기

- 빔 오브젝트를 추가하여 장애물을 만들 수 있습니다.
- 스폰, 세이브 포인트, 포털 오브젝트를 활용할 수 있습니다.
- 타이머 오브젝트를 추가하여 시간을 측정할 수 있습니다.
- 완성한 월드를 테스트하여 장애물 점프 게임을 진행할 수 있습니다.

알아두기

세이브 포인트와 포털

세이브 포인트를 통과하면 진행 상황이 저장되어 포털을 통해 다시 세이브 포인트로 이동할 수 있습니다. 제페토 빌드잇에서는 여러 개의 세이브 포인트를 만들 수 있는데, 포털을 이용하면 마지막으로 통과했던 세이브 포인트로 이동하게 됩니다.

01 빔 오브젝트로 장애물 만들기

❶ [시작(⊞)] 메뉴-[ZEPETO build it]을 클릭하여 제페토 빌드잇을 실행하고 로그인한 후 [+새로 만들기]-[Plain]을 클릭합니다.

❷ [오브젝트] 탭 검색창에서 'Base'를 검색하여 오브젝트를 추가합니다.

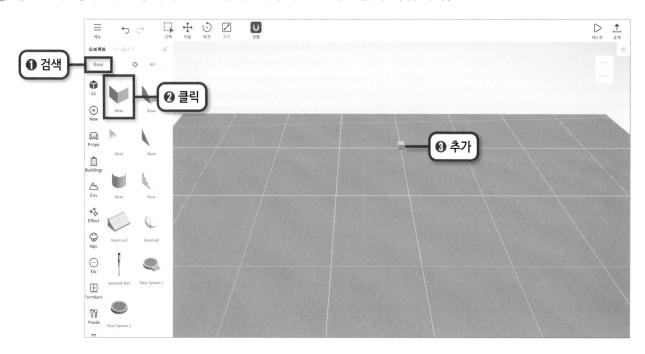

❸ 상단 메뉴의 도구를 이용하여 그림과 같이 크기와 위치를 조절합니다.

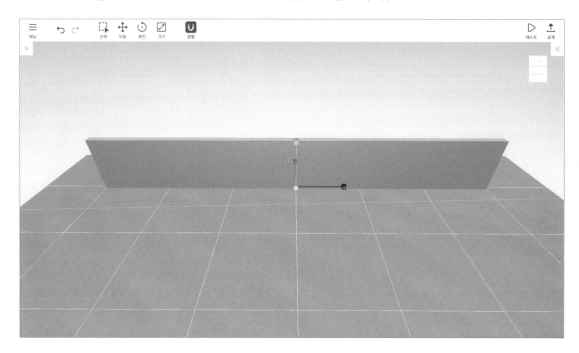

❹ Ctrl + D 를 눌러 오브젝트를 복제한 후 위치, 방향, 크기를 조절하여 미로를 완성합니다.

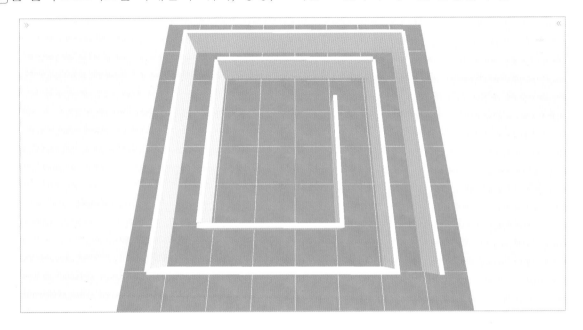

❺ [오브젝트] 탭-[Props]-[Beam]을 추가한 후 위치, 방향, 크기를 조절하여 그림과 같이 장애물을
만듭니다.

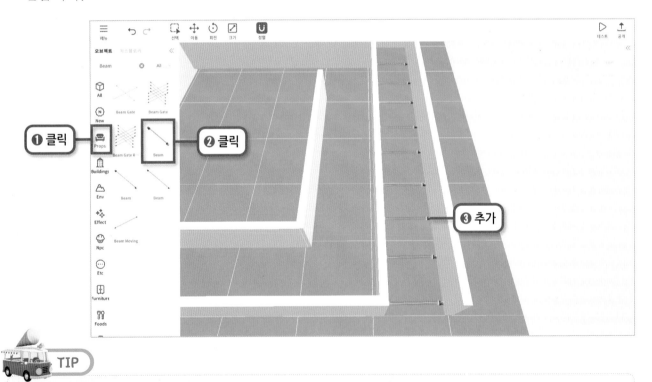

TIP

점프 게임과 관련된 오브젝트에는 'Beam', 'Spin Blade', 'Drop Platform', 'Fading Platform', 'Elevator Platform' 등이 있으며,
이 중 'Beam', 'Spin Blade' 오브젝트는 캐릭터가 닿으면 캐릭터를 스폰 위치로 되돌리는 오브젝트입니다.

➊ [Spawn] 카테고리에서 원하는 'Spawn' 오브젝트를 선택한 후 캐릭터가 나타날 위치에 오브젝트를 추가합니다.

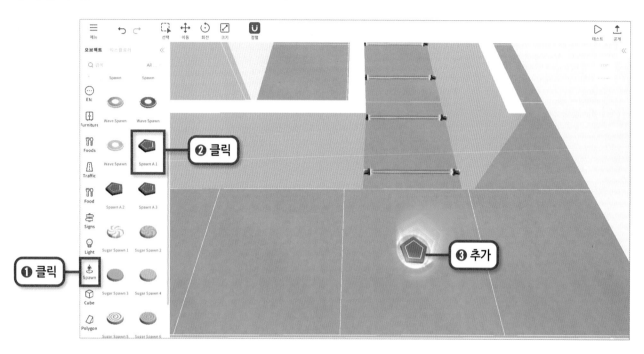

➋ 월드 곳곳에 여러 개의 'Spawn' 오브젝트를 추가해 봅니다.

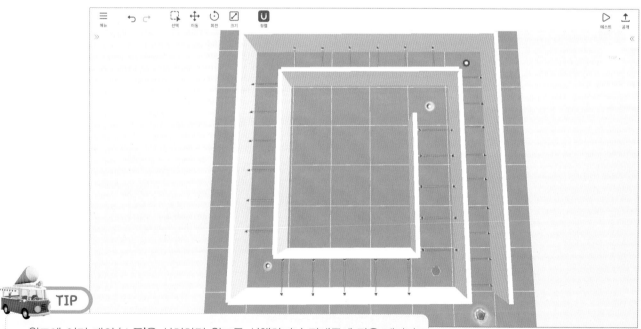

TIP

• 월드에 여러 개의 '스폰'을 설치하면 월드를 실행하거나 장애물에 닿을 때마다 임의의 '스폰'에서 캐릭터가 나타납니다.

• [테스트(▷)]를 클릭하여 임의의 '스폰'에서 캐릭터가 나타나는 것을 확인한 후 시작 지점의 '스폰' 오브젝트를 제외한 나머지 '스폰' 오브젝트를 삭제합니다.

❶ [Props]-[Save Point] 오브젝트를 선택한 후 장애물 사이 사이에 위치시킵니다.

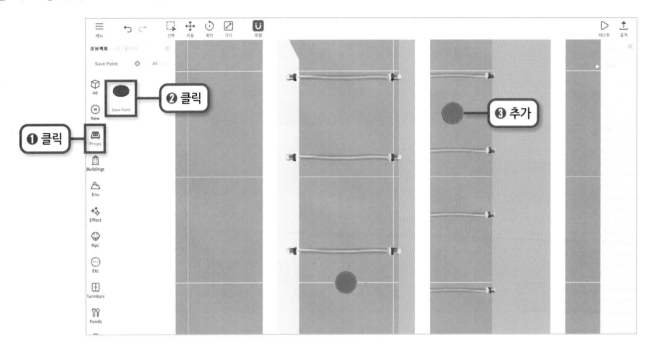

❷ 이어서 [Props]-[Portal] 오브젝트를 선택한 후 'Spawn' 오브젝트 옆에 추가합니다.

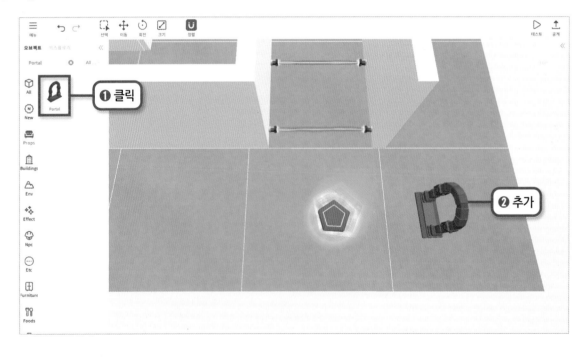

04 타이머 오브젝트 추가하기

① [Props]-[Timer Start] 오브젝트를 게임이 시작되는 위치에 추가합니다.

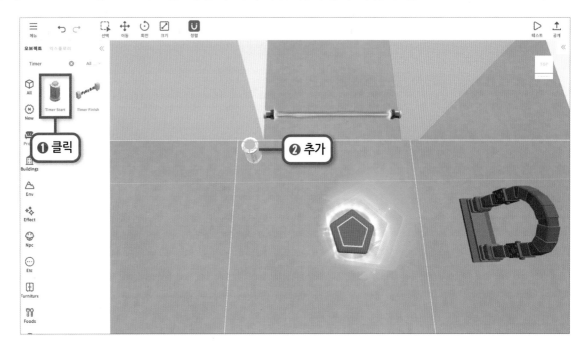

② 이어서 [Props]-[Timer Finish] 오브젝트를 게임이 종료되는 위치에 추가합니다.

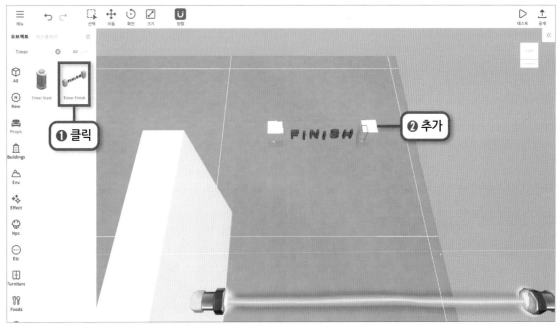

 TIP

- 'Timer Start' 오브젝트를 클릭하고 'Timer Finish' 오브젝트에 도착하면 나의 기록을 확인할 수 있습니다.
- 포털을 통해 세이브 포인트로 이동하면 타이머는 해제됩니다.

① 화면 오른쪽 상단의 [테스트(▷)]를 클릭하여 월드를 실행합니다.

② 캐릭터가 'Spawn' 오브젝트 위에 나타나면 Ctrl을 누른 상태로 'Timer Start' 오브젝트의 상호작용 버튼을 클릭하여 타이머를 시작한 후 'Beam' 오브젝트를 뛰어 넘으며 점프 게임을 진행해 봅니다.

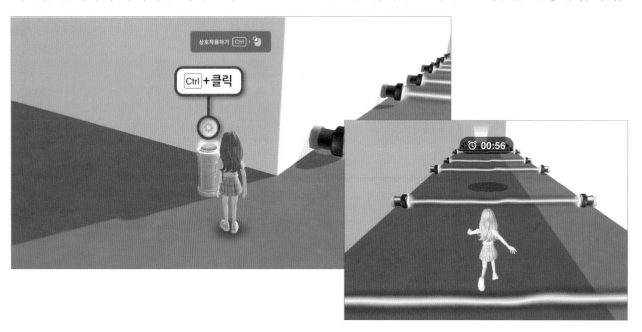

③ 'Beam' 오브젝트에 닿으면 'Spawn' 오브젝트 위치로 이동하고, 'Portal' 오브젝트를 이용해 'Save Point' 오브젝트로 이동할 수 있는지 확인해 봅니다.

TIP

'Save Point' 오브젝트를 밟고 통과하지 않으면 'Portal' 오브젝트에 가까이 다가가도 상호작용 버튼이 활성화되지 않습니다.

④ 'Timer Finish' 오브젝트를 터치하여 게임을 완료하고 Esc를 눌러 테스트를 종료한 후 월드를 저장합니다.

CHAPTER 20

혼자 할 수 있어요!

1 [City] 템플릿을 불러온 후 'Beam', 'Spin Blade', 'Spawn', 'Save Point', 'Portal', 'Timer Start', 'Timer Finish' 오브젝트를 이용하여 장애물 피하기 게임을 완성해 보세요.

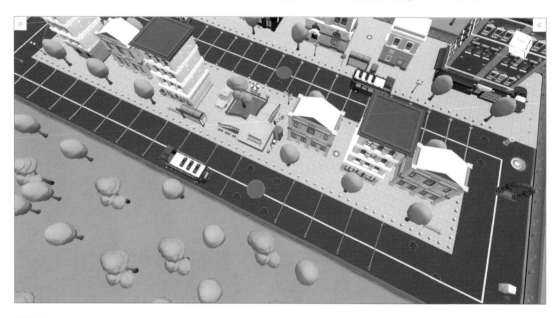

hint 여러 종류의 'Beam' 오브젝트를 이용하여 게임의 난이도를 조절합니다.

2 [테스트(▷)]를 클릭하여 장애물 피하기 게임을 진행해 보세요.

21 나만의 수영장 만들기

• 수영장을 만들 수 있습니다.
• 커스텀 오브젝트를 추가할 수 있습니다.
• 커스텀 오브젝트에 외부 이미지를 삽입할 수 있습니다.

● 예제 파일 : '수영장 규칙.jpg', '돌고래.jpg'

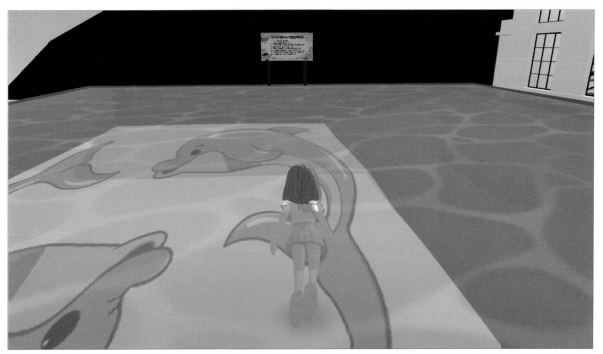

알아두기

커스텀(Custom) 오브젝트
커스텀 오브젝트는 외부에서 불러온 이미지를 삽입할 수 있는 오브젝트로, 오브젝트에 삽입할 수 있는 이미지 형식으로는 JPG, PNG 파일이 있습니다. 하나의 월드를 제작할 때 최대 20개의 이미지를 커스텀 오브젝트에 삽입할 수 있습니다.

01 수영장 만들기

❶ [시작(⊞)] 메뉴-[ZEPETO build it]을 클릭하여 제페토 빌드잇을 실행하고 로그인한 후 [+새로 만들기]-[Cafe]를 클릭합니다.

❷ [오브젝트] 탭-[Cube]-[Lava Rock] 오브젝트를 추가한 후 [속성] 창에서 위치와 크기를 그림과 같이 지정합니다.

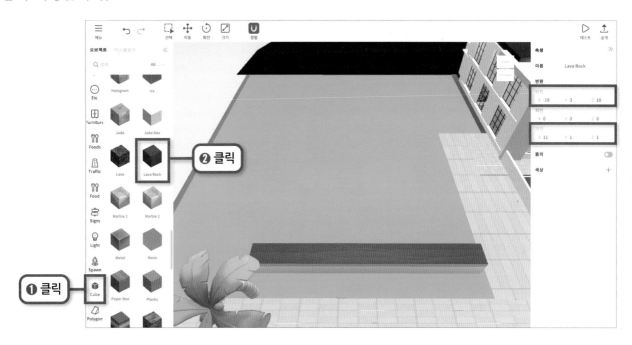

❸ 'Lava Rock' 오브젝트를 복제한 후 상단 메뉴의 도구를 이용하여 위치, 방향, 크기를 변경하고 수영장 테두리를 만듭니다.

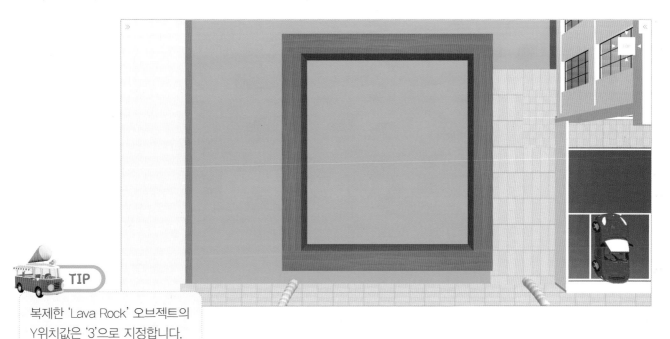

TIP

복제한 'Lava Rock' 오브젝트의
Y위치값은 '3'으로 지정합니다.

④ [Etc]-[Water Wave] 오브젝트를 추가한 후 [속성] 창에서 위치와 크기를 그림과 같이 지정합니다.

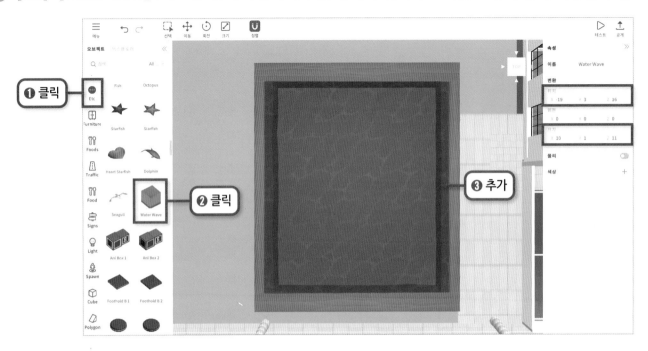

⑤ 캐릭터가 수영장에서 나올 수 있도록 하기 위해 [Polygon]-[Lava Rock] 오브젝트를 추가한 후 [속성] 창에서 위치, 방향, 크기를 그림과 같이 지정합니다.

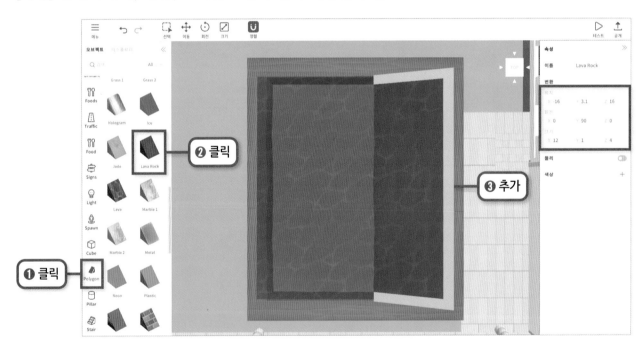

02 커스텀 오브젝트에 이미지 삽입하기

❶ [Custom]-[Billboard 1] 오브젝트를 추가한 후 [속성] 창에서 위치를 그림과 같이 지정합니다.

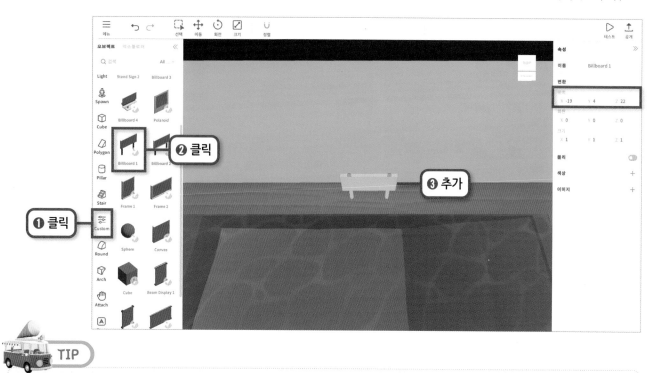

TIP

[속성] 창에서 위치, 크기값을 지정할 때 사용자마다 교재의 이미지와 약간의 차이가 있을 수 있습니다. 이때는 상단 메뉴의 도구를 이용하여 오브젝트의 위치 및 크기를 조절합니다.

❷ 'Billboard 1' 오브젝트를 선택하고 [속성] 창의 [이미지]를 클릭합니다. 이어서 [오브젝트에 이미지 입히기] 창이 나타나면 [추가(➕)]를 클릭합니다.

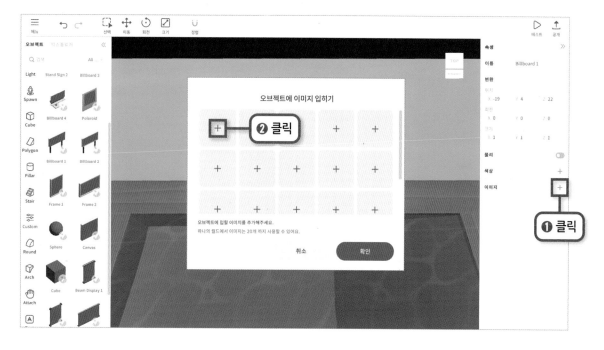

❸ [Select Texture] 대화상자가 나타나면 '수영장 규칙' 파일을 선택한 후 [열기]를 클릭합니다. 이어서 [확인]을 클릭합니다.

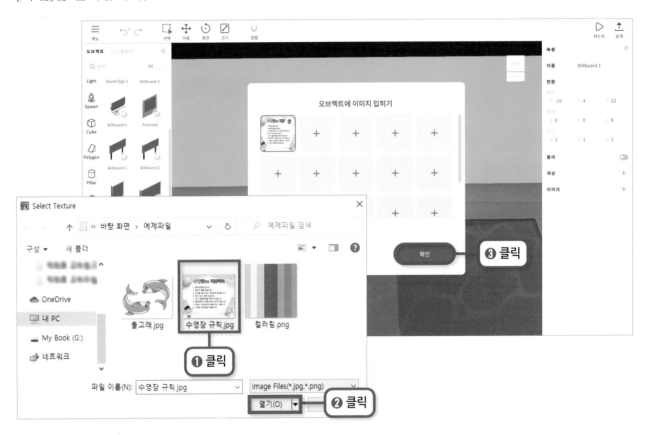

❹ 'Billboard 1' 오브젝트에 이미지가 삽입된 모습을 확인합니다.

03 수영장 바닥에 이미지 삽입하기

❶ [Custom]-[Canvas] 오브젝트를 추가한 후 [속성] 창에서 위치, 방향, 크기를 그림과 같이 지정합니다.

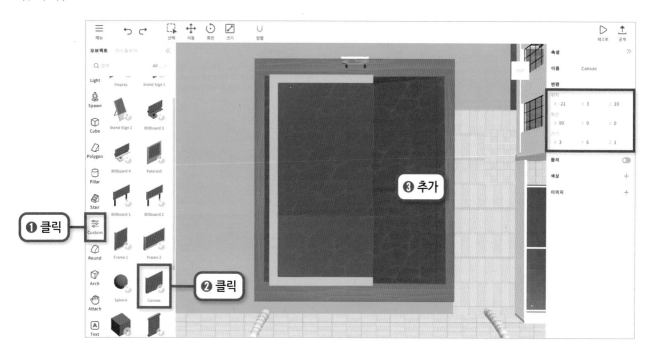

❷ 'Canvas' 오브젝트를 선택하고 [속성] 창의 [이미지]를 클릭합니다. 이어서 [오브젝트에 이미지 입히기] 창이 나타나면 [추가(+)]를 클릭합니다.

❸ [Select Texture] 대화상자가 나타나면 '돌고래' 파일을 선택한 후 [열기]를 클릭합니다. 이어서 [확인]을 클릭합니다.

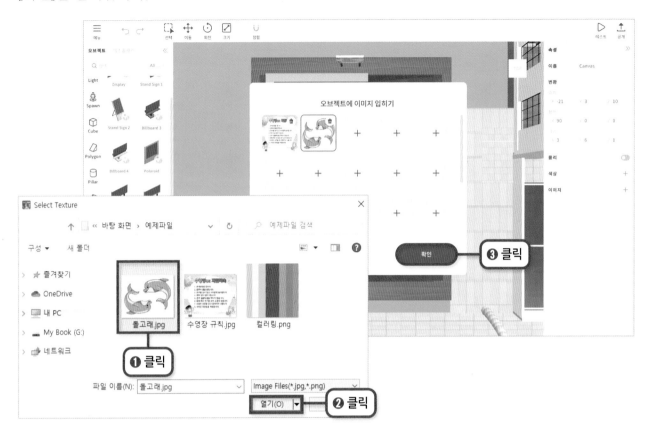

❹ 'Canvas' 오브젝트에 이미지가 삽입된 모습을 확인합니다.

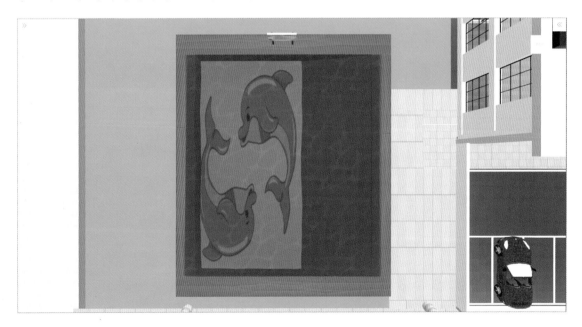

❺ 완성된 월드를 테스트한 후 저장합니다.

CHAPTER **21** 혼자 할 수 있어요!

1 'Canvas' 오브젝트를 이용하여 수영장에 미니 전시회를 열어 보세요.

● 예제 파일 : '수영장1.jpg'~'수영장6.jpg'

hint 'Canvas' 오브젝트의 보라색 면이 수영장 쪽을 향하도록 회전시킵니다.

2 'Sphere' 오브젝트를 이용하여 패턴 공을 만든 후 수영장에서 공놀이를 해보세요.

● 예제 파일 : 패턴.jpg

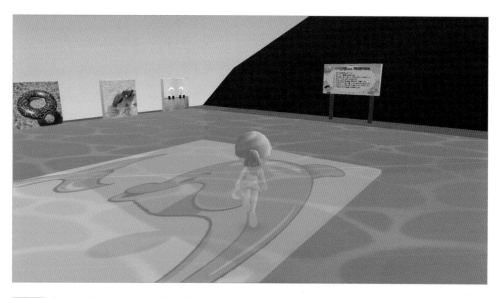

hint 'Sphere' 오브젝트의 '물리' 기능을 활성화하여 중력을 체크 해제하고 질량을 무겁게 변경해 봅니다.

22 내가 제작한 월드 공개하기

- 완성한 월드를 테스트하고 수정할 수 있습니다.
- 월드 정보를 입력하고 섬네일을 제작할 수 있습니다.
- 완성한 월드의 리뷰를 신청할 수 있습니다.

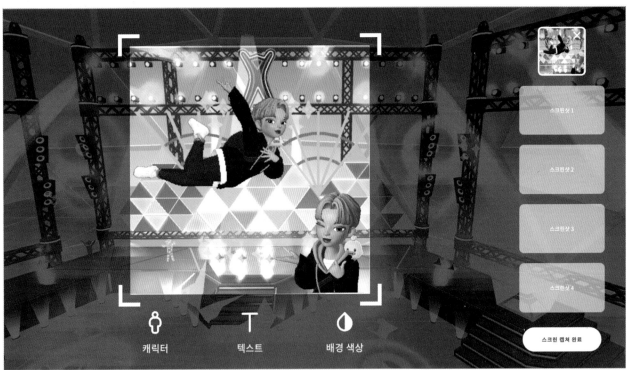

알아두기

월드 공개 방법

제작한 월드를 공개하는 방법에는 제페토 스튜디오에서 공개하는 방법과 제페토 빌드잇에서 공개하는 방법이 있습니다. 제페토 스튜디오에서는 프로그래밍 언어를 이용하여 제작한 월드를 공개할 수 있고, 제페토 빌드잇에서는 제페토 빌드잇에서 제작한 월드를 공개할 수 있습니다.

❶ [시작(⊞)] 메뉴-[ZEPETO build it]을 클릭하여 제페토 빌드잇을 실행하고 로그인한 후 [내가 만든 월드]를 클릭합니다.

❷ 지금까지 제작한 월드의 목록이 나타나면 리뷰 신청할 월드를 클릭합니다.

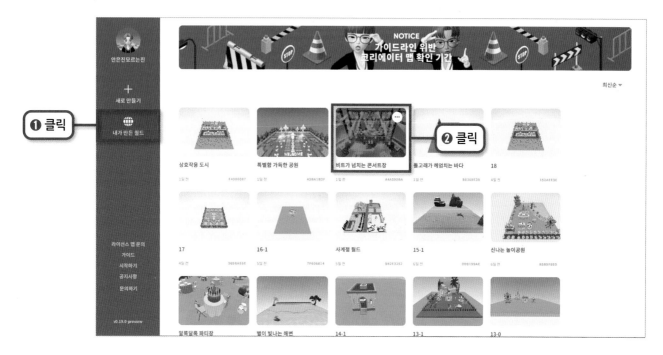

❸ 화면 오른쪽 상단의 [테스트(▷)]를 클릭하여 월드를 테스트합니다. 테스트 도중 수정이 필요한 부분이 나타나면 Esc 를 눌러 테스트를 종료하고 월드를 수정합니다.

➊ 완성한 월드를 공개하기 위해 화면 오른쪽 상단의 [공개(⬆)]를 클릭하여 대화상자가 나타나면 [확인]을 클릭합니다.

➋ [월드 공개하기] 창이 나타나면 '월드 이름'과 '월드 소개'를 입력합니다.

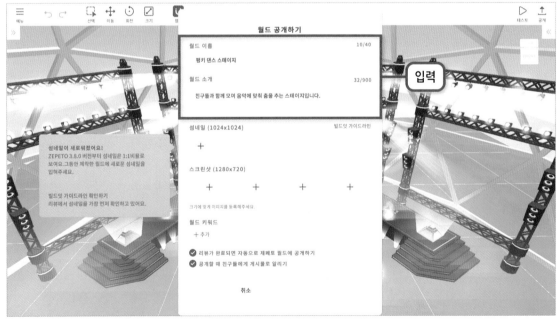

 TIP

'월드 이름'은 제페토 월드에서 표시되는 월드의 이름이며, '월드 소개'는 월드를 클릭하면 나타나는 상세 페이지에서 확인할 수 있는 월드에 대한 정보입니다.

❸ 월드의 섬네일을 만들기 위해 '섬네일' 항목의 [추가(➕)]를 클릭한 후 [캡쳐해서 이미지 만들기]를 클릭합니다.

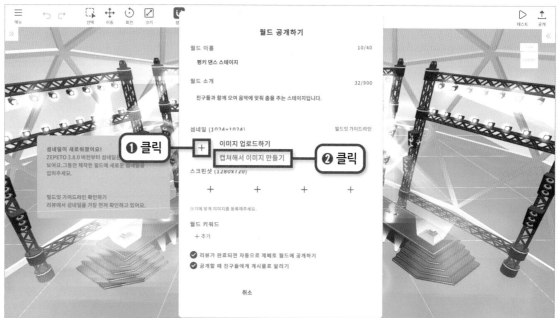

TIP

'섬네일'은 제페토 월드에서 월드를 소개할 때 작게 보여지는 이미지를 말합니다. 섬네일은 외부 이미지를 업로드하거나 월드를 캡쳐해서 만들 수 있는데, '1024px×1024px' 크기의 이미지만 사용할 수 있습니다.

❹ 섬네일을 만들 수 있는 화면이 실행되면 마우스를 이용하여 캡쳐할 영역을 지정한 후 [캡쳐(📷)]를 클릭합니다.

TIP

사각형 영역 안에서 월드 제작 시 마우스를 조작했던 방법과 동일하게 마우스를 조작하여 섬네일 영역을 지정합니다.

❺ '섬네일' 칸에 캡처한 이미지가 적용됩니다. 캡처한 이미지에 캐릭터를 추가하기 위해 [캐릭터(👤)]를 클릭합니다.

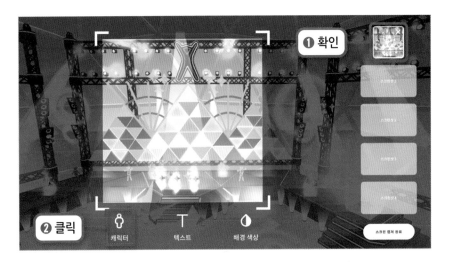

❻ 화면 하단에 다양한 포즈의 캐릭터가 나타나면 원하는 캐릭터를 선택한 후 위치를 지정하고 조절점(↗)을 드래그하여 크기를 조절합니다. 이어서 ✅을 클릭합니다.

❼ 섬네일에 월드 이름을 입력하기 위해 [텍스트(🅣)]를 클릭합니다.

⑧ 텍스트를 추가하기 위해 [추가(+)]를 클릭한 후 내용을 입력하고 색상을 지정합니다. 이어서 [스크린 캡쳐 완료]를 클릭합니다.

TIP

[적용(Ⓐ)]을 클릭할 때마다 선택한 색상이 배경 색상, 글자 색상, 투명도가 적용된 배경 색상으로 변경되며 적용됩니다.

⑨ 섬네일이 만들어지면 섬네일을 만들었던 방법과 같은 방법으로 '스크린샷'을 만들어 봅니다.

TIP

스크린샷은 실제로 월드를 체험하는 모습을 나타내는 것으로, 외부 이미지를 이용하여 만들 수도 있는데 '1280px×720px' 크기의 이미지만 사용할 수 있습니다.

⑩ '월드 키워드' 항목의 [+추가]를 클릭하여 [월드 키워드 선택] 창이 나타나면 월드와 연관된 키워드를 선택한 후 [확인]을 클릭합니다. 이어서 [리뷰 신청하기]를 클릭합니다.

TIP

키워드는 최대 4개까지 선택할 수 있습니다.

⑪ [내가 만든 월드]에서 리뷰 중인 월드를 클릭하여 리뷰의 진행 단계가 나타나는 것을 확인합니다.

TIP

리뷰가 진행되는 동안에는 월드를 수정할 수 없으며, 리뷰 완료까지 1~2주의 시간이 소요됩니다. 리뷰가 완료되면 제페토 월드에 제작한 월드가 공개됩니다.

1 완성한 월드를 공개하기 위해 월드 정보를 입력하고 섬네일과 스크린샷을 만들어 보세요.

2 리뷰를 신청한 월드의 리뷰 진행 단계를 확인해 보세요.

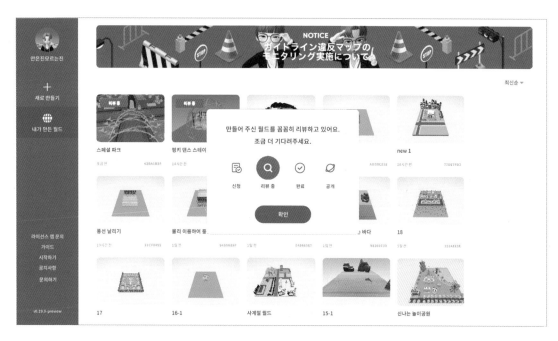

제페토 빌드잇

23 미로 탈출 월드 만들기

학습
목표

• 여러 개의 오브젝트를 그룹화할 수 있습니다.

• 오브젝트를 잠그고 숨길 수 있습니다.

• 스페이스 돔 오브젝트를 타고 미로 밖으로 나올 수 있습니다.

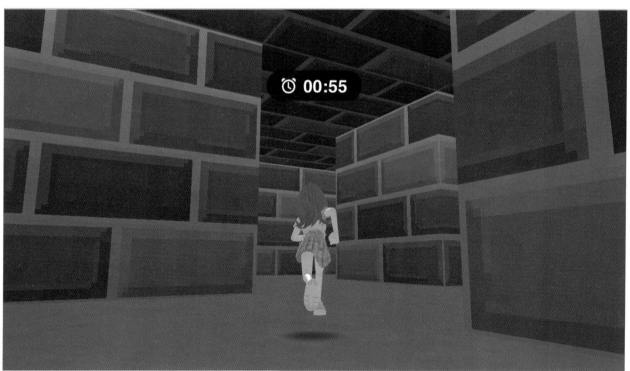

알아두기

움직이는 오브젝트

제페토 빌드잇에는 일정 범위를 반복하여 움직이는 오브젝트들이 있습니다. 'Space Dome', 'Elevator Platform'이 그 대표적인 오브젝트로, 해당 오브젝트를 이용하여 캐릭터가 월드의 상하좌우로 이동하며 장애물을 피할 수 있도록 만들 수 있습니다.

❶ [시작(⊞)] 메뉴-[ZEPETO build it]을 클릭하여 제페토 빌드잇을 실행하고 로그인한 후 [+새로 만들기]-[Plain]을 클릭합니다.

❷ [오브젝트] 탭-[Cube]-[Red Brick] 오브젝트를 추가한 후 [속성] 창에서 위치와 크기를 그림과 같이 지정합니다. 이어서 Ctrl+D를 눌러 'Red Brick' 오브젝트를 복제한 후 [속성] 창에서 위치 (X : -34, Y : 1, Z : 38)를 지정합니다.

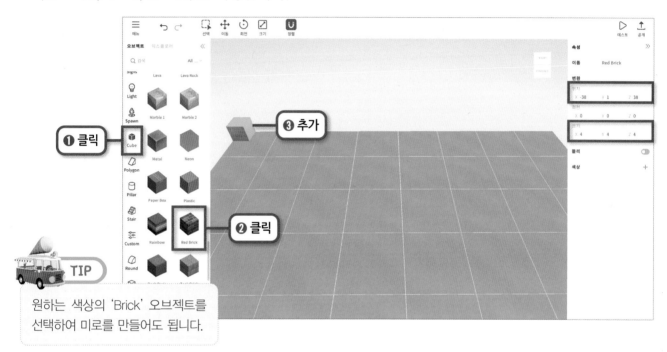

TIP
원하는 색상의 'Brick' 오브젝트를 선택하여 미로를 만들어도 됩니다.

❸ Ctrl을 누른 상태로 'Red Brick' 오브젝트를 각각 선택하고 상단 메뉴의 [이동(✛)]을 클릭한 후 Ctrl+D를 눌러 오브젝트를 복제하고 이동시킵니다.

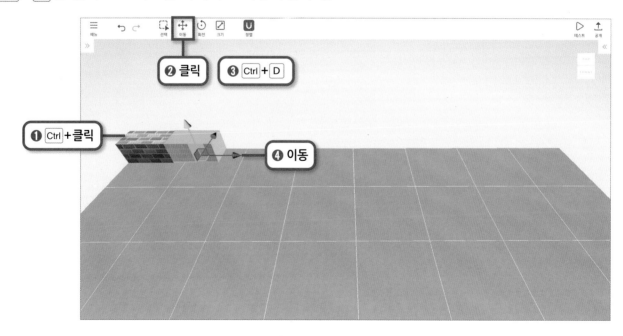

④ 다시 'Red Brick' 오브젝트를 모두 선택한 후 Ctrl+D를 눌러 복제하고 이동시켜 그림과 같이 만듭니다.

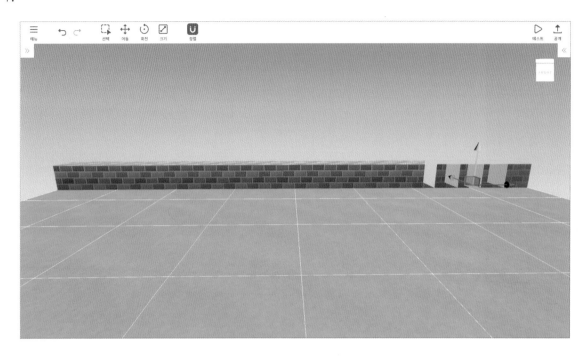

⑤ 앞서 배운 내용을 참고하여 그림과 같이 'Red Brick' 오브젝트를 채워 봅니다.

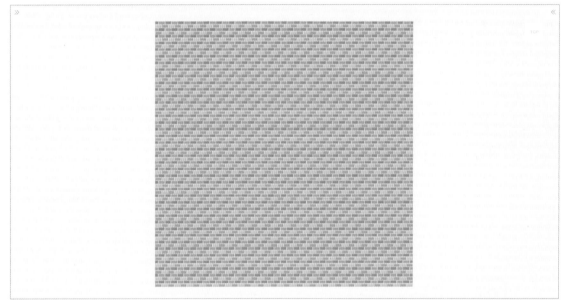

TIP

오브젝트를 1개씩 쌓아 미로를 만들어도 되지만, 지형을 모두 오브젝트로 채운 후 1개씩 지우면서 미로의 경로를 만들면 더욱 편리하게 작업할 수 있습니다.

❶ 마우스를 드래그하여 'Red Brick' 오브젝트를 모두 선택한 후 마우스 오른쪽 버튼을 클릭하고 [오브젝트 묶기]를 클릭합니다.

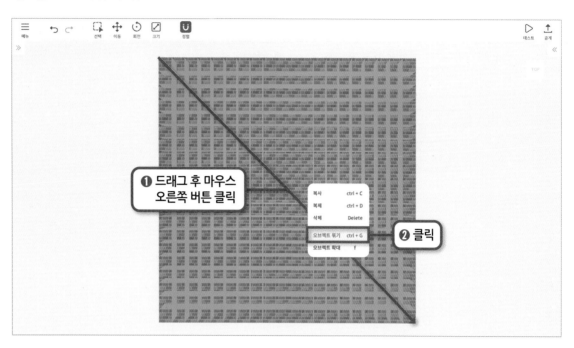

❷ [익스플로러] 탭의 [오브젝트] 목록에 'Group'이 생성되면 'Group'을 마우스 오른쪽 버튼으로 클릭한 후 [이름 변경]을 선택하여 이름을 '1층'으로 변경합니다.

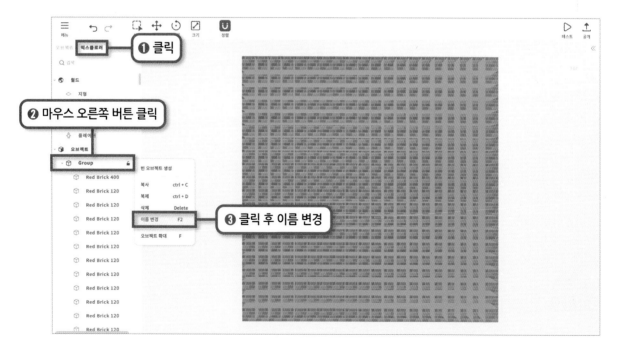

❸ '1층' 그룹을 클릭한 후 마우스 오른쪽 버튼을 클릭하여 [복제]를 클릭합니다. '1층 1' 그룹이 생성 되면 마우스 오른쪽 버튼을 클릭하여 [이름 변경]을 클릭하고 이름을 '2층'으로 변경합니다.

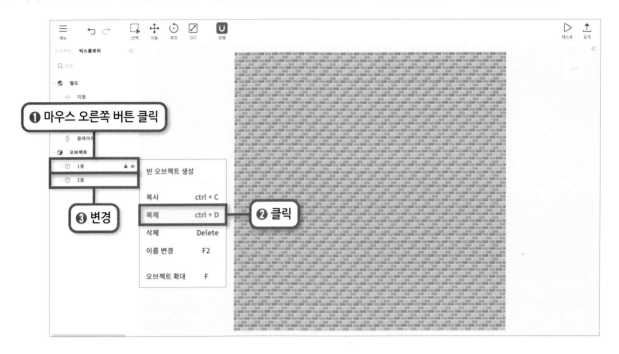

❹ '2층' 그룹을 선택한 후 '잠금(🔒)'과 '숨기기(👁)'를 각각 클릭하여 오브젝트를 잠그고 화면에서 숨깁니다.

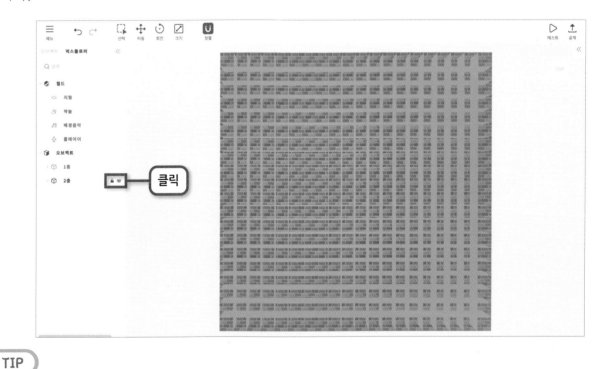

TIP

'숨기기'를 클릭하여 오브젝트가 화면에 보이지 않아도 오브젝트를 선택할 수 있습니다. 따라서 '잠금'을 클릭하여 오브젝 트를 선택되지 않도록 한 후 '1층' 그룹의 오브젝트를 편집합니다.

❶ 월드에서 'Red Brick' 오브젝트를 드래그하여 선택한 후 Delete 를 눌러 삭제하면서 미로의 경로를 만듭니다.

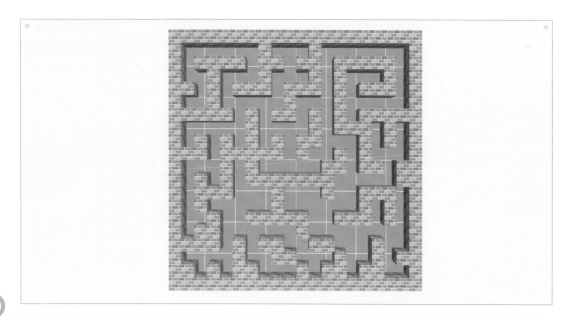

 TIP

- 오브젝트가 서로 겹쳐 있어 오브젝트를 클릭하면 오브젝트가 선택되지 않습니다. 이때는 마우스를 살짝 드래그하여 오브 젝트를 선택합니다.
- 캐릭터가 월드 밖으로 떨어지지 않도록 하기 위해 월드 테두리에 위치한 'Red Brick' 오브젝트는 삭제하지 않습니다.

❷ 이어서 원하는 'Spawn' 오브젝트와 'Timer Start' 오브젝트를 미로 시작 지점에 추가합니다.

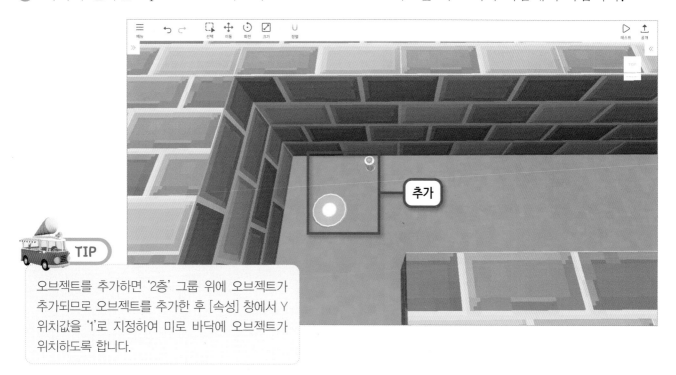

TIP

오브젝트를 추가하면 '2층' 그룹 위에 오브젝트가
추가되므로 오브젝트를 추가한 후 [속성] 창에서 Y
위치값을 '1'로 지정하여 미로 바닥에 오브젝트가
위치하도록 합니다.

❸ 'Space Dome' 오브젝트를 미로 종료 지점에 추가한 후 [속성] 창에서 방향과 크기를 그림과 같이 지정합니다.

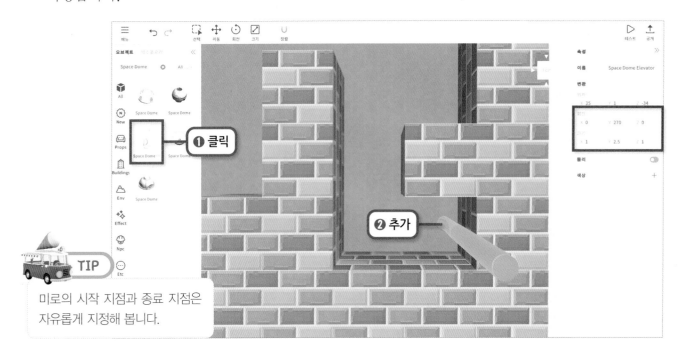

❹ [익스플로러] 탭의 [오브젝트]에서 '2층' 그룹을 선택하고 '잠그기(🔒)'와 '보이기(👁)'를 클릭하여 오브젝트가 화면에 나타나면 'Space Dome' 오브젝트 위치의 'Red Brick' 오브젝트를 선택하고 삭제합니다.

❺ 이어서 'Timer Finish' 오브젝트를 'Space Dome' 오브젝트 옆에 추가합니다.

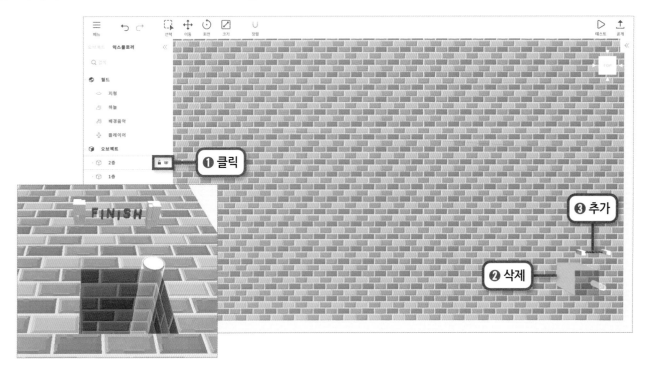

❻ 완성된 월드를 테스트한 후 저장합니다.

① 'Arrow Head' 오브젝트를 이용하여 미로의 탈출 방향을 안내하는 화살표를 만들어 보세요.

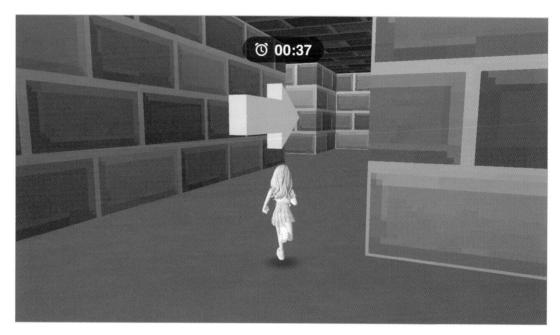

② 'Beam', 'Spin Blade' 오브젝트를 이용하여 미로에 장애물을 설치해 보세요.

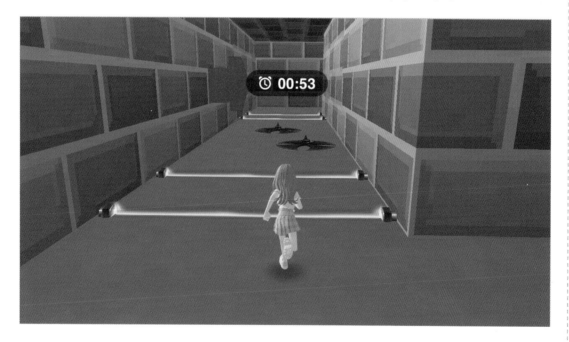

24 장애물 스타디움 만들기

- 다양한 오브젝트를 이용하여 장애물을 설치할 수 있습니다.
- 다양한 오브젝트를 이용하여 장애물을 피할 수 있는 길을 만들 수 있습니다.
- 캐릭터의 이동 속도와 점프 높이를 조절할 수 있습니다.

알아두기

[익스플로러] 탭의 '플레이어' 항목에서는 캐릭터의 이동 속도와 점프 높이를 설정할 수 있습니다. 속도와 점프 기본값은 '2'로 설정되어 있는데, 숫자가 커질수록 캐릭터의 이동 속도는 빨라지고 점프 높이는 높아집니다. 이동 속도와 점프 높이를 다르게 설정하여 월드를 제작하면 해당 월드에 접속한 사용자들의 캐릭터는 지정한 이동 속도와 점프 높이로 움직이게 됩니다.

❶ [시작(▦)] 메뉴–[ZEPETO build it]을 클릭하여 제페토 빌드잇을 실행하고 로그인한 후 [+새로 만들기]–[Plain]을 클릭합니다.

❷ [오브젝트] 탭–[Cube]–[Rock Brick] 오브젝트를 추가한 후 [속성] 창에서 위치와 크기를 그림과 같이 지정합니다.

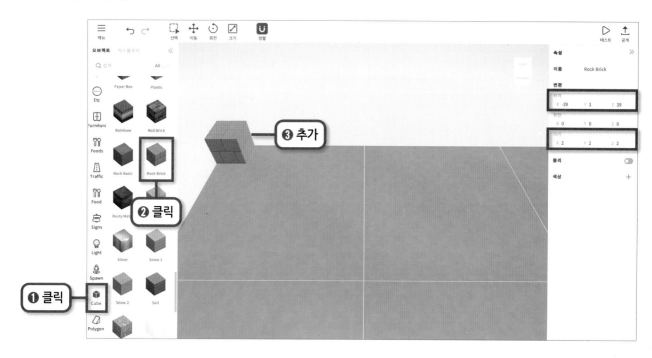

❸ 이전 시간에 미로를 만들었던 방법과 같은 방법으로 그림과 같이 'Rock Brick' 오브젝트를 모두 채웁니다.

❹ 'Rock Brick' 오브젝트를 선택한 후 Delete 를 눌러 삭제하여 이동 경로를 만들고 경로 중간 중간에 'Save Point' 오브젝트를 추가할 공간도 만들어 줍니다.

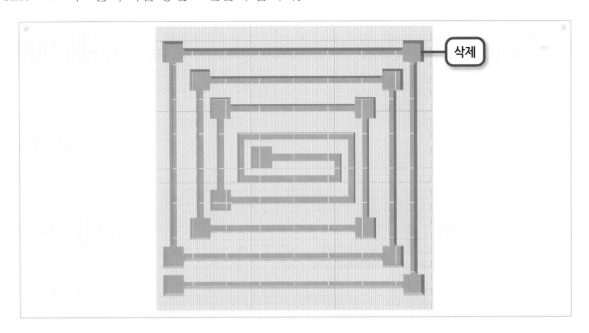

❺ 장애물 스타디움 시작 지점에 'Spawn'과 'Portal' 오브젝트를 추가합니다.

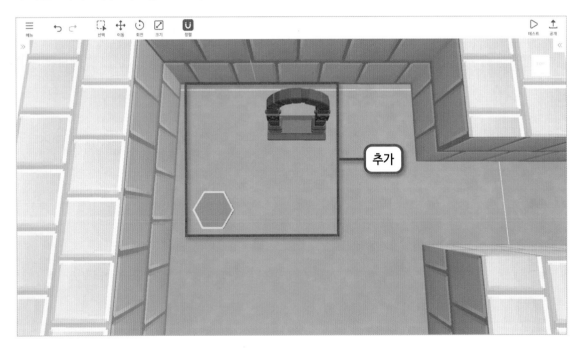

⑥ [오브젝트] 탭 검색창 옆의 [All Theme]을 클릭하여 'Jump Stadium' 테마를 선택합니다.

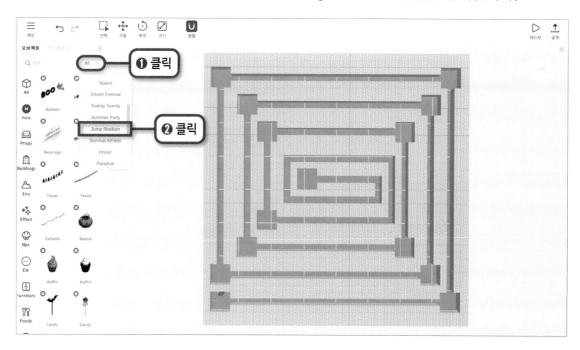

⑦ 'Jump Stadium' 테마와 관련된 오브젝트들이 나타나면 'Save Point' 오브젝트를 각 단계가 끝나는 위치에 추가합니다.

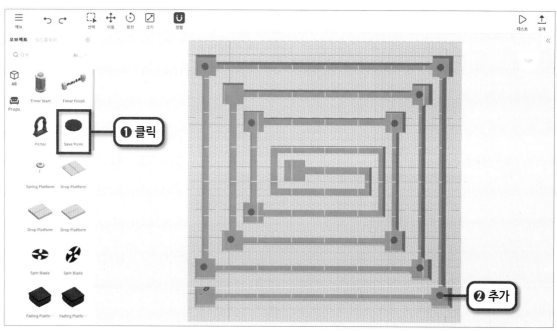

TIP

도착 지점을 향해 이동하다가 장애물에 닿아 스폰 위치로 이동하게 되었을 때 포털을 통해 마지막으로 통과했던 세이브 포인트로 이동하기 위해 'Portal', 'Save Point' 오브젝트를 추가합니다.

02 장애물 스타디움 완성하기

❶ 'Beam' 오브젝트를 추가한 후 위치, 방향, 크기를 변경합니다. 같은 방법으로 다양한 'Beam' 오브젝트를 추가하여 그림과 같이 장애물을 설치합니다.

❷ 'Beam' 오브젝트를 추가하고 그림과 같이 배치합니다. 이어서 테마를 'All Theme'으로 선택하고 [Round]−[Brick] 오브젝트를 추가하여 장애물을 피해 이동할 수 있는 길을 만들어 봅니다.

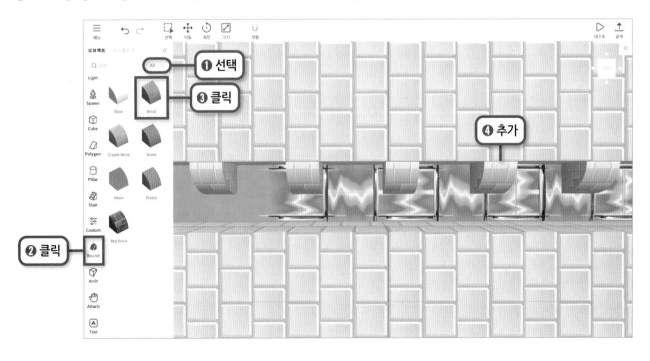

❸ 같은 방법으로 장애물을 만들고 [Pillar]-[Brick] 오브젝트를 추가하여 장애물을 피해 이동할 수 있는 길을 만들어 봅니다.

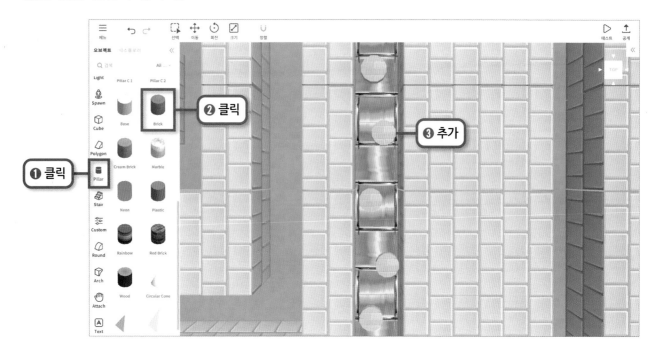

❹ 같은 방법으로 장애물을 만들고 'Elevator Platform' 오브젝트를 추가하여 'Elevator Platform'을 타고 장애물을 피해 이동할 수 있도록 만들어 봅니다.

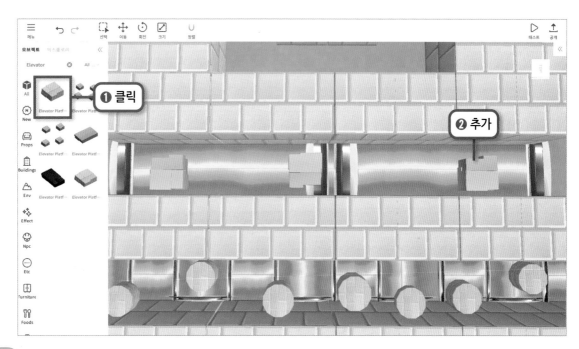

TIP

'Elevator Platform' 오브젝트의 Y회전값을 변경하면 'Elevator Platform' 오브젝트가 마주보면서 이동하도록 만들 수 있습니다.

❺ 'Spin Blade' 오브젝트를 추가한 후 크기와 위치를 조절하여 장애물을 만들고 'Sphere' 오브젝트를 이용하여 장애물을 피해 이동할 수 있는 길을 만들어 봅니다.

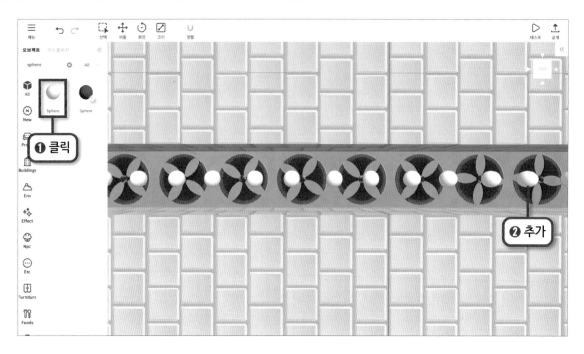

❻ 같은 방법으로 다양한 장애물을 만들고 장애물을 피해 이동할 수 있는 길을 만들어 장애물 스타디움을 완성합니다.

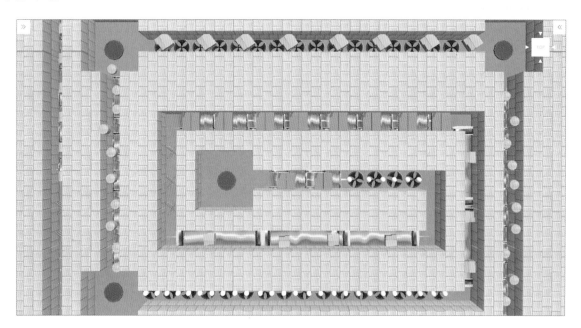

❶ [익스플로러] 탭–[월드]–[플레이어]를 클릭합니다.

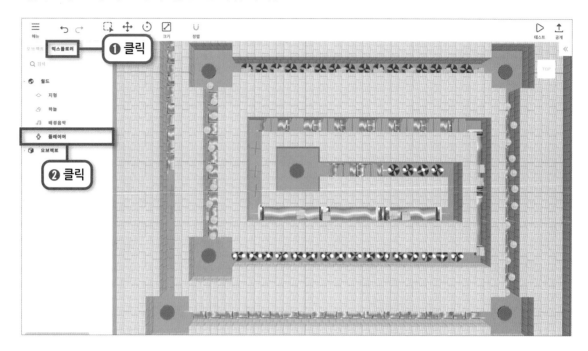

❷ [속성] 창에서 '속도'를 '4'로, '점프'를 '3'으로 변경해 봅니다.

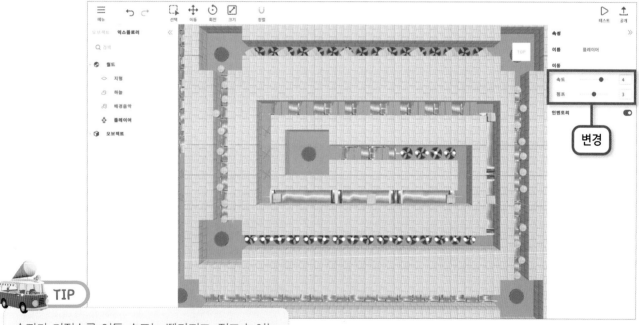

TIP

숫자가 커질수록 이동 속도는 빨라지고, 점프 높이는
높아집니다. 이동 속도를 빠르게 변경하고 점프하면
멀리 이동할 수 있습니다.

❸ 완성된 월드를 테스트한 후 저장합니다.

혼자 할 수 있어요!

① 'Spring Platform' 오브젝트를 이용하여 여러 장애물을 한 번에 넘어 보세요.

② 'Sphere' 커스텀 오브젝트에 이미지를 추가한 후 장애물을 설치해 보세요.

- 예제 파일 : 토끼.png

hint '물리' 기능을 적용하여 'Sphere' 오브젝트를 밀며 이동할 수 있도록 합니다.